저출산·고령화의 외교안보와 정치경제

저출산·고령화의 외교안보와 정치경제

2019년 11월 5일 초판 1쇄 인쇄
2019년 11월 13일 초판 1쇄 발행

엮은이 윤영관
지은이 손열·송지연·신성호·이근·임혜란·최태욱

펴낸이 윤철호·김천희
펴낸곳 (주)사회평론아카데미
편집 김천희
디자인 김진운
마케팅 최민규
등록번호 2013-000247(2013년 8월 23일)
전화 02-326-0333
팩스 02-326-1626
주소 03978 서울특별시 마포구 월드컵북로12길 17
ISBN 979-11-89946-36-4 93340

저출산·고령화의 외교안보와 정치경제

윤영관 편 | 손열·송지연·신성호·이근·임혜란·최태욱 지음

사회평론아카데미

차례

I

총론: 저출산·고령화 시대의 외교안보와 정치경제

윤영관(서울대학교)

1. 들어가는 말

한국을 비롯하여 대부분의 선진국들은 지금 인구 고령화와 저출산 추세를 경험하고 있다. 한국의 경우 65세 이상 인구 비율은 2019년 14.9%에서 2067년에는 46.5%로 증가할 것으로 예측되고 있다. 일본은 2018년에 전체 인구의 28%를 이미 넘어섰고 독일과 이탈리아는 2018년 기준으로 21.6%와 23%를 차지하고 있다(통계청). 2015~2020년 한국의 합계출산율은 1.11명으로 최하위권 세계 1위 수준으로 생산가능 인구(15-64세)는 2017년부터, 총인구는 2031년부터 감소하기 시작할 것으로 예측되고 있다(통계청).

이 같은 저출산·고령화 추세는 국내 및 대외 부문의 다양한 측면에서 심각한 구조적 영향을 미치고 있다. 예를 들어, 국제정치, 즉 외교안보 맥락에서 저출산·고령화는 중요한 의미를 가질 것이다. 한국, 중국, 일본 3국은 시차를 두고 이 문제에 직면하고 있다. 저출산·고령화 추세는 국내적·사회적 취약성과 극단적 배외주의, 민족주의 성향을 증대시켜 외교정책에 큰 영향을 줄 것이고 이것이 한중일 3국 간의 국제정치 양상에 어떠한 변화를 가져올 것인가도 앞으로 관심을 기울여야 할 외교 문제이다. 또한 저출산·고령화 현상은 사회복지비 지출을 증가시키는데 여기에서 비롯된 재정 압박이 국방비 수요확충 및 국방 안보에 상당한 영향을 미칠 것이다. 이에 대한 분석과 대안도 모색이 되어야 할 것이다.

저출산·고령화는 경제적으로는 경제 활력의 저하와 경제활동인구 감소를 초래하여 저성장의 구조적 원인이 되고 있으며 세대 간 양극화를 야기한다. 또한 사회보장과 국가재정의 문제, 노인 증가로 인한 사회 인프라 개선의 문제를 낳으며, 정치 영역에서 세대별 정치 양극화의 문제를 야기하여 정치지형의 변화를 초래한다. 이 같은 현상들의 성격을 보다 깊이 규명해보는 것도 필요하다. 예를 들어 저출산·고령화는 노사 및 빈부갈등에 더하여 새로운 사회갈등 차원을 추가하는데 그것이 세대갈등이고 세대정치의 부상이다. 분배문제가 점점 더 자신들에게 불리하게 돌아간다는 인식이 청년들로 하여금 정치적 해법을 모색하게 만들고 청년정치가 활성화되게 할 가능성이 있는데 이에 대한 연구도 한국 정치에 시사하는 바가 많을 것이다.

또한 저출산·고령화 추세는 이른바 4차 산업혁명이라고 하는 기술발전 패러다임의 변화와 동시에 진행되고 있다. 그렇다면 이 추세의 기술적 해결방안은 무엇일까? 그 방안의 하나로서 인공지능 로봇의 활용 가능성 문제도 검토해볼 수 있을 것이다.

이 연구는 이처럼 저출산·고령화가 초래하는 다양한 문제들을 국내 전문가들로 하여금 입체적으로 심층 분석하여 독자들이 새롭게 다가오는 한국 사회의 변화 구조를 이해하고 대응책을 마련하는 데 도움을 주고자 기획되었다. 본서는 II부에서 저출산·고령화가 국제정치적 관점에서 초래하는 문제를 다루고 III부에서는 국내정치 및 국내정치경제적 측면에서 야기하는 문제들을 밝혔다. 마지막으로 IV부에서는 저출산·고령화의 문제를 바라보는 하나의 대안적 시각을 제공하고자 했다.

2. 저출산·고령화 시대의 외교안보

손열 교수는 "인구 넥서스와 포퓰리즘: 인구변동의 외교정책적 함의" 라는 글에서 인구변동이라는 관점에서 인구 감소뿐만 아니라 인구 폭발의 문제까지 포괄적으로 다룬다. 이 두 가지 현상이 동시에 발생하는 '인구변동의 이중구조'는 어떠한 국제정치적 결과를 가져오는지, 인구 폭발과 정치적 불안정·갈등 사이에 인과관계가 존재하는 것인지, 그리고 과연 인구의 급격한 증가는 어떤 정치적 효과를 가져다주고 인구 폭발이 경제적 곤란을 야기할 때 어떤 국제정치적 결과를 가져오는지 의문을 제기한다. 반면 고령화와 인구 감소가 가지는 국제정치적 함의도 추적한다. 요컨대 국가 간 군사력과 경제력 배분 구조의 변화가 결정적 변수인 국제정치의 장에서 인구변동은 어떤 영향을 미치고 있는가 하는 문제를 제기한다.

손열 교수에 의하면 인구 폭발은 극빈층의 연소자 인구를 부양하는 데 가계소득의 대부분이 지불되어 저축과 투자가 저수준에 머물러 저생산과 저소득으로 귀결되는 빈곤의 악순환을 초래하게 된다. 그 외에도 인구 증가는 식량 부족과 물 부족을 야기하고 기후변화/환경파괴를 가속화하며, 나아가 인구 폭발에 의해 야기되는 환경파괴가 도시화를 촉진하고 그에 따른 사회적 갈등과 정치적 갈등을 유발한다(Homer-Dixon 1994). 또한 환경 변화에 따라 주로 청년층이 도시로 이주하면서 대량실업 사태와 도시 빈민층을 구성하여 사회적 불안과 정치적 갈등을 야기한다는 것이다(Walker 2016). 특히 도시 청년층이 테러조직과 반란세력의 충원 대상이 됨을 고려할 때, 인구의 급격한 증가는 환경 파괴와 자원 고갈을 통해 난민 혹은 불법 이민을 양산하고, 내전과 국제적 갈등을 가져온다고 주장한다(Madsen 2010).

반면 인구 고령화는 생산가능 인구(노동인구)의 감소와 저축률 하락에 따른 자본 축적 속도의 둔화를 유발하여 성장잠재력을 저하시킨다고 한다. 이는 자산 가격과 자산수익률의 하락을 초래하며, 장기요양 및 공공사회 서비스 수요의 빠른 증가로 국가재정에 큰 부담을 안겨주

게 된다(Reinhardt 2000). 문제는 소득 불평등과 인구 고령화의 연계인데, 고령층일수록 빈곤율이 높아지고 소득 분포가 악화되고 있어서 향후 고령 인구의 비중이 증가할수록 가구 간 소득 및 소비 불평등이 심화된다는 것이다. 이는 성장 잠재력을 저해하여 저성장을 초래함으로써 불평등을 심화한다. 따라서 고령화와 저성장, 불평등은 상호 연계되어, 세대/계층 간 정치/경제적 양극화와 갈등을 고착화한다고 결론 내린다.

신성호 교수는 "고령화와 한국안보: 사회(복지)안보와 국방안보의 딜레마"에서 지난 10여 년간 한국 정부 재정지출에서 사회복지 비용의 증가와 국방비의 증가 추세를 추적하여 그것이 향후 한국 경제발전의 저성장과 정부 재정수입 둔화라는 요인과 결합하여 가지는 구조적 문제점을 지적하고자 했다. 이를 통해 한국 사회의 고령화가 한반도 주변의 요동치는 동북아 국제정치와 남북 간의 군사대치 속에서 한국의 미래 안보정책에 가지는 의미를 고찰했다.

그는 장기적으로는 폭증하는 사회복지 비용의 추이에 따라 국방예산이 더 이상 증가하지 못하거나 오히려 축소되는 압박을 더욱 받게 될 것이라는 점을 주목한다. 이러한 국방 재원의 경제적 압박은 초저출산/초고령화에 따른 국방 인력의 절대 감소라는 인적 압박에 의해 더욱 심화될 것이라고 한다. 다시 말해 북한의 대규모 병력 위주의 재래식 군사력에 맞서기 위해 징병제로 운영되어온 국방 기조가 흔들리게 되는 것이다. 신성호 교수는 더욱 큰 국방비의 증액을 전제로 하는 타 개책들마저도 장기적 경제 전망과 정부 예산 여건을 고려할 때 여의치 못할 것이라고 지적한다.

그런데 저출산·고령화가 필요한 국방예산 확보에 미치는 영향은 복합적이다. 먼저 저출산은 산업인구의 감소를 의미하는데, 조세정책의 근본적인 변화가 없을 경우 이는 세수의 감소를 가져와 궁극적으로 정부재정 확보에 어려움을 초래한다. 또한 산업인구 감소는 경제성장률에 부정적인 영향을 미치고 그에 따른 조세수입 감소와 정부재정 감소는 국방비의 감소로 이어져 국방비 증가가 전제된 국방개혁은 동력을 잃게 될 것이다. 현재 복지 논쟁에 있어 급속한 수요증가와 저성장 기조 속에 부족한 재원마련이 관건인데 그렇다고 북한의 핵 능력과 체제 불안, 동북아의 세력다툼을 무시할 현실도 아니라는 점이 한국의 딜레마인 것이다.

신성호 교수는 국가안보와 사회복지안보는 결국 한 사회 구성원의 삶을 보장하고, 보호한다는 측면에서 그 궁극적 목적이 같다고 본다. 근대 사회복지(social welfare) 개념과 정책이 탄생한 서구에서 사회안보(social security)라는 개념이 같은 의미로 종종 혼용되어 사용되는 현실은 국가안보와 사회안보의 연관성을 상징한다. 그러나 급속한 고령화와 이에 따른 사회복지 비용의 급속한 증가 요구는 이미 경제의 성장 둔화에 따른 정부재정 확보의 어려움에 더해 정부재정에 커다란 압박요인으로 작용하고 있다고 한다. 문제는 이러한 압박이 정부재정 지출의 다른 분야에 대한 심각한 제약 요인으로 작용한다는 것이다. 특히 북한의 증대되는 핵 능력과 더불어 한반도를 둘러싼 동북아 지정학의 불안정성이 증대되는 경향에 따라 국방비의 수요 또한 증가하는 상황은 국내적인 사회복지안보 비용과 대외적인 국방안보 비용의 수요 증가가 서로 충돌하는 심각한 현상을 초래할 것이라는 것이다. 이 같은 신성호 교수의 연구는 이 두 가지 차원의 안보 문제를 거시적으로 함께 접근하는 것이 중요하다는 점을 보여 준다.

3. 저출산·고령화의 국내정치경제

저출산·고령화라는 인구 문제가 이러한 외교안보적 함의를 갖는 한편, 국내정치 및 정치경제적 함의도 크다. 먼저 송지연 교수는 "인구 고령화와 노동시장"에서 인구 고령화로 인해 노동시장에서 나타나고 있는 불평등과 양극화, 생산인구 감소로 인한 노동력 부족, 경제 성장 동력 저하 등을 해결하기 위한 정책대안은 무엇인지 질문을 던진다. 그는 동시에 주요 선진국의 인구변화 경험과 대응전략을 참고로 하여, 한국에서 논의되고 있는 인구 고령화 시대의 노동시장 변화와 고용정책은 어떠한지, 특히 고령 인력의 경제적 안정성 확보와 아직 미진한 여성인력 활성화 방안을 중심으로 해결책을 모색해 보았다.

송지연 교수는 인구변화의 과정에서 발생하는 생산가능 인구 감소, 복지비용 확대로 인한 재정 위기, 성장 동력 저하 등의 문제를 해결하기 위해 고령 인력과 여성 인력의 적극적 활용방안이 필요하다고 주장한다. 중장기적으로는 고령자들의 은퇴 후 안정적인 소득 확보를 위해서 공적연금제도의 확충이 필요하지만, 이를 위해서는 연금제도 개혁이 함께 추진되어야 한다는 것이다. 따라서 장기적으로는 연금제도 개편으로 고령자들의 공적연금 수급확대를 통한 경제적 안정을 확보하는 것이 요구된다. 하지만 동시에 고령자들의 고용 촉진과 고용의 질 향상에 많은 정책적 노력을 기울여야 한다고 지적한다. 고용의 질을 향상시키고 기본적인 사회안전망 확충을 통해서 고령자들이 안정적인 소득과 삶의 질을 누릴 수 있도록 해야 한다는 것이다.

그는 여성 인력의 경우 고용을 촉진함과 동시에 경력 단절을 예방하고 고용을 유지할 수 있도록 하는 다양한 방안을 고려해야 한다고 주장한다. 그동안 가족 정책, 일·가정 양립 정책, 양성평등 정책 등을 통해서 여성의 노동시장 참여율은 계속 높아져 왔지만, 여전히 고학력 여성 인력의 역량을 제대로 발휘하기 힘들었다. 이의 시정을 위해 우선적으로 노동시장의 불평등과 양극화를 해소하고 근로문화 개선을 통한 유연한 근무형태 도입과 장시간 근로를 줄이는 것이 필요하다는 것이다. 특히 직장에서 양성평등 확보를 위한 적극적 고용개선 조치, 근로 형태와 시간의 유연성을 높이기 위한 유연 근무제와 시간선택제 등을 중점 과제로 추진하여 여성들이 노동시장에 지속적으로 참여할 수 있도록 지원하는 것이 중요하다고 지적한다.

　"고령화·저성장·양극화 시대의 청년정치 부상 가능성"에서 최태욱 교수는 저출산·고령화가 국내정치적 지형에 어떠한 변화를 가져오는지를 분석했다. 그는 '세대정치'의 부상 움직임은 결국 한국 정당체계의 실질적 변화로까지 이어질 것인가, 만일 변화로 이어진다면, 그 변화는 과연 어느 방향으로 어느 정도까지 진행될 것인가, 요컨대, 유력한 청년정당이 부상할 수 있을까, 청년세대의 불만과 반발, 그리고 정치적인 집단행동은 한국의 정당정치를 어느 쪽으로 변화시킬 것인가, 그것이 정당체계의 유의미한 변화로까지 이어질 가능성은 얼마나 높으며, 그렇지 않다면 그 핵심 원인은 무엇인지 흥미로운 질문을 던지면서 이에 대한 진단을 시도해보았다.

　그에 따르면 중요한 것은 지지 기반을 청년세대로 하는, 따라서 청년세대의 선호와 이익을 정치적으로 대표하는 유력 정당의 탄생이라고 한다. 최태욱 교수는 그러한 정당이 등장하여 청년정치를 활성화시킴으로써 청년세대가 노년세대에 대한 정치적 길항력을 확보해야 세대 간의 대화와 타협이 가능해지고, 그래야 비로소 상생의 정치경제가 안정적으로 이루어질 수 있다고 보는 것이다. 하지만 지역주의와 결합한 소선거구 1위 대표제가 한국의 국회의원 선거제도로 유지되는 한,

설령 청년당이 행위자중시론이 제시하는 주요 성공 조건 모두를 갖춘다고 한들 포데모스(스페인)나 오성운동(이탈리아)과 같이 유력 정당이 될 가능성은 매우 낮다고 지적한다. 한국에서 청년정치의 수요가 증대한 것은 분명한 사실이나 그것이 정당체계의 유의미한 변화로까지 이어질 가능성이 매우 낮은 핵심 원인은 '제도 조건의 미성숙'에 있고 그래서 이를 개혁하기 위한 비례대표제의 실시가 관건이라는 것이다.

최태욱 교수는 고령화 시대에 노인복지를 늘리는 것은 물론 필요하나 청년복지를 그 이상으로 혹은 최소한 그만큼은 같이 늘려주는 것이 더욱 중요하다고 주장한다. 그래야 선순환 구조가 작동될 것이기 때문이다. 그런데, 한국의 주요 정당과 정치인들이 '노인정치(gerontocracy)'에 매몰되는 것을 막아야 하고 그래서 문제는 결국 정치라고 말한다. 이것이 가능하도록 하기 위해서는 무엇보다 청년정치를 활성화시켜야 한다고 말한다. 청년세대가 만만찮은 정치세력이라는 인식이 확산되어야 청년을 위한 일자리 정책과 복지 정책도 제시간에 제대로 제공될 수 있다는 것이다. 가장 효과적인 방안은 선거제도의 비례성을 높이는 일이고, 그래야 유력한 청년당이 새롭게 생겨날 수 있고, 기성 정당이 청년세대의 선호와 이익에 충분히 민감해질 수도 있다는 것이다. 이것이 선거제도의 개혁이 급선무라고 주장하는 이유라고 최태욱 교수는 결론 내린다.

임혜란 교수는 "고령화 사회와 연금개혁의 정치"에서 초저출산, 고령화 사회에 들어선 한국의 연금개혁 과정의 정치경제를 분석한다. 임혜란 교수는 한국의 고령화·저성장 시대의 경제개혁에 초점을 두고 연금개혁을 둘러싼 세대 간, 계층 간 갈등의 핵심적 이슈를 들여다보면서 개혁과정의 정치경제를 분석한다. 그는 한국의 연금개혁 가운데 '공무원 연금개혁의 정치'에 분석의 초점을 두고 연금개혁에 영향을 미치는 담론 과정을 살펴보았다. 구체적으로는 한국의 노령화 사회에서 연금개혁의 정치경제적 분석에 초점을 맞추고, 개혁 추진과 개혁 반대를 둘러싼 다양한 '담론경쟁' 과정을 살펴봄으로써 개혁 과정의 제약과 함의를 이끌어내고자 했다.

임혜란 교수에 의하면 연금개혁의 핵심적 쟁점은 '구조개혁안'과 '모수개혁안' 간의 충돌이었다. 즉 국민연금과 공무원연금과의 통합이냐, 분리냐의 문제였다. 2015년 공무원연금개혁은 모수개혁안으로 결정되었으며, 기존의 분리된 구조를 유지한 채 재정절감 효과 문제를 해결하고자 했다. '더 내고 덜 받는' 모수적 방식으로 문제를 풀고자 한 것이다. 이는 아직까지도 발전국가의 관료제의 특수성을 유지하려는 이해집단과 담론이 개혁 과정에 보다 강력한 영향력을 미치고 있음을 보여준다. 물론 2015년 법 개정으로 공무원연금개혁이 완료된 것은 아니다. 향후 경제 상황이 급변하고 국가재정이 악화된다면 공무원연금 총재정 부담을 줄이기 위한 추가 개혁이 불가피하다. 임혜란 교수는 그동안 쌓인 524조 원 규모의 공무원연금 충당부채를 해소하는 방안을 마련해 궁극적으로 수지 균형을 달성해야 한다는 구조개혁 요구에 부응하지 못한 점도 한계로 지적하고 있다. 아울러 신규 공무원 임용자가 받는 연금액이 기존 공무원의 연금액에 비해 낮아 세대 간 차별이 존재한다는 점, 연금 수령액을 지나치게 천천히 깎음으로써 사실상 기존 공무원의 기득권을 인정했다는 점 등을 지적한다.

임혜란 교수는 발전국가에서 그동안 보장해 줬던 관료제와 공무원집단의 특수성은 공무원연금제도를 통해 지속되어 왔음을 지적한다. 그래서 이러한 특수 직역에 대한 경제적 보상체제를 급격히 줄이는 구조개혁안은 쉽사리 선택되지 못했고, 공무원 집단의 강한 반대와 정당 간 파열은 단일안 합의라는 시간적 압력에 의해 절충안인 모수적 개혁안을 선택하도록 했다. 그러나 초저출산, 고령화 사회가 시작됨에 따라 정부재정 적자의 문제가 심각하게 대두되었고, 이는 세대 갈등과 계층 갈등의 측면으로 부각되어 연금제도의 개혁이 불가피하게 되었다는 것이다. 일반 국민들은 공무원집단을 기득권계층으로 인식함에 따라 계층 간 불균등한 격차를 줄여야 한다고 인식하게 되었다는 것이다. 앞으로 공무원연금개혁이 보다 과감한 구조적 개혁으로 나아갈지의 여부는, 이를 정당화하는 다양한 담론 경쟁이 보다 본격화되고, 구조개혁 담론이 타당한 논리로 설득력이 높아질 것이냐 아니냐에 달려있다고 예측한다.

4. 저출산·고령화 문제의 대안적 패러다임

마지막으로 이근 교수는 "저출산·고령화 문제의 대안적 패러다임: 테크놀로지, 공유경제, 기본소득"에서 인간을 경제적, 안보적 도구로 보는 기존 패러다임에 도전하고 있다. 그는 기존 패러다임을 뛰어넘어 경제구조의 변화, 기술의 발달과 진화, 삶에 대한 인식전환, 그리고 인권의식의 제고 등으로 생겨난 인간 사회의 근본적 변화를 충분히 고려해야 한다고 주장한다. 이러한 인식론적 배경하에 이근 교수는 기존 패러다임의 근원적인 한계를 지적하고, 기술(technology)을 활용하여 보다 인간 중심적이고 시대의 흐름에 맞는 새로운 패러다임을 제시하고자 했다. 그는 새로운 패러다임이 보다 현실적이고 인권적이고 성평등적인 해결책을 강구하기 위하여 구상된 패러다임이라고 주장한다. 도구로서의 인간에서 외부의 도구 개발을 통해 주체적 인간으로 해방되는 흐름 속에서 저출산·고령화의 문제를 인식하고, 거기서 생겨나는 도전

과제를 현실적으로 해결하는 해결책을 새로운 패러다임 안에서 찾아
보고자 했다.

이근 교수는 현재의 인구가 생활을 유지하고 노령인구를 부양하
는 해법으로 여성을 일종의 생산기계로 간주하는 출산장려보다는 '기
술적, 기계적, 제도적' 방안이 모색될 수 있다고 주장한다. 또한 공유경
제와 기본소득을 근간으로 하는 새로운 패러다임이 정착되게 되면 자
연스럽게 인권적인 시각에서 인구의 증감이 이루어지는 균형점을 찾
아갈 것이라는 것이다. 따라서 도구적 인구론이라는 전근대적 패러다
임에 입각하여 비현실적인 출산장려, 인구 증가를 강권하기보다는 도
구를 발전시켜서 인간을 스스로 자유롭게 만들어온 인류 역사의 발전
과정을 따라서 "인간화된 기계"와 인간이 공존하는 새로운 사회경제
모델을 고안하고 도입하는 방향으로 연구를 진행하고 정책을 생각하
는 것이 훨씬 현실적이라고 주장한다.

보다 구체적으로, 첫째, 육체노동의 기계적 보완에 있어서는 기계
를 인간의 노동으로 계상하여 세금을 부과할 필요가 있으며, 고령인구
부양에 대해서는 건강 문제의 해결과 동시에 육체노동을 보조하는 기
계적 해법 등이 발전하고 있고 정년연장과 재취업의 시도도 지속되고
있는 점을 주목해야 한다는 것이다. 둘째, 정신노동의 기계적 보완에
있어서 인간적 기계의 출현은 이들의 생산 소비 활동을 경제적 활동으
로 계산하여 잠재성장률을 계산하는 패러다임이 요구된다고 주장한
다. 이같이 육체 · 정신노동의 기계적 대체가 초래하는 대량실업에 대처
하기 위한 대안적 패러다임이 공유경제와 기본소득이라는 것이다.

이근 교수에 의하면 공유경제 패러다임에서 생기는 첫 번째 도전
과제는 비정규직 양산 혹은 직업의 비정규직화 문제로서 이들의 생존
문제를 해결하기 위해 기본소득이 필요하다는 점이다. 두 번째 과제는

인구 감소인데, 여성 노동력도 플랫폼 경제에 자유롭게 고용차별 없이 참여할 수 있는 여지가 늘어나고 결혼이나 출산에 대한 부담도 줄어들 것이라고 한다. 세 번째는 고령인구로, 고령 노동자의 플랫폼 경제에의 참여, 고령인구의 정신적·육체적 기능의 감퇴는 기계적·기술적 해결책으로 보완될 것이며 기계세와 로봇세, 기본소득 등 창의적 제도를 통해 재정적 부담을 덜 수 있을 것이라는 것이다. 그의 주장은 우리가 저출산·고령화로 생겨나는 근본문제를 어떻게 볼 것이냐 하는 흥미로운 대안적 패러다임을 제시하고 있다.

위와 같은 여섯 교수들의 분석을 통해 독자들이 저출산·고령화 문제가 야기하는 문제점들과 대응책들을 단순히 경제적 차원에 한정하지 않고, 보다 포괄적으로 정치경제 및 안보 차원으로 확장하여, 입체적이고 분석적인 관점에서 접근할 수 있게 되기를 바란다. 이에 더하여 본서의 출간을 계기로 학계에서 더욱 활발한 논의가 진행되고 관련 분야 정책결정자들에게도 중요한 정책적 시사점을 제공할 수 있기를 기대한다.

참고문헌

통계청, "2019년 장래인구특별추계를 반영한 세계와 한국의 인구현황 및 전망" http://kostat.
　　go.kr/portal/korea/kor_nw/1/2/6/index.board?bmode=read&aSeq=377226
통계청, "장래인구특별추계: 2017~2067년" http://kostat.go.kr/portal/korea/
　　kor_nw/1/2/6/index.board?bmode=read&aSeq=377226

Homer-Dixon. 1994. "Environmental Scarcities and Violent Conflict: Evidence from
　　Cases." *International Security*, Vol. 19, No. 1.
Madsen, Jakob. 2010 "Four Centuries of Economic Growth: Roles of Technology and
　　Population," *Journal of Economic Growth*, Vol 15, No. 4.
Reinhardt, Uwe. 2000 "Health Care for the Aging Care Boom," *Journal of Economic
　　Perspectives*, Vol 14, No. 2.
Walker, Robert. 2016. "Population Growth and its Implications for Global Security,"
　　American Journal of Economics and Sociology, vol 75, No. 4.

II 저출산·고령화 시대의 외교안보

1

인구 넥서스와 포퓰리즘:
인구변동의 외교정책적 함의

손열(연세대학교)

가. 서론

이 글은 인구변동과 국제정치의 상관관계 차원에서 인구변동이 가져오는 국제정치적 결과를 분석하고자 한다. 국제정치학에서 인구 (population)요인은 오래전부터 논의되어 왔다. 대표적으로 퀸시 라이트(Quincy Wright)는 지리적 확대, 기술진보만큼이나 국가 간 인구의 상대적 변화와 그 속도가 평화와 갈등을 유발하는 요인임을 본격적으로 제기한 바 있다(Wright 1942). 또한 한스 모겐소(Morgenthau 1956)는 국력의 주요요소로 영토, 부존자원과 함께 인구를 꼽았다. 인구는 곧 병력자원이므로 인구대국은 군사대국이 된다는 점에서 인도와 중국 등이 경제수준에 비해 국제적 영향력을 가지는 것은 바로 거대한 인구규모 때문이라 할 수 있다. 군사력이 육군력에서 해공군력으로, 기술진보에 따라 하이테크를 활용하는 무기체계가 전면적으로 부상하면서 인구요인의 상대적 중요성이 감소되는 추세임에는 분명하지만 대규모 지상병력의 전략적 중요성은 여전히 강조되는 것이 현실이다.

그러나 인구변수만으로 국제정치현상을 설명하기는 어렵다. 인구는 기저변수의 역할을 하거나 여타 변수와 연계될 때 비로소 의미를 갖는다. 본 연구가 주목하고 있는 2010년대 세계질서 변화의 이면에는 선진산업국을 중심으로 반(反)세계화와 포퓰리즘 추세가 자리하고 있는데, 이 추세는 정치경제적 요인이 인구요인과 넥서스를 이루고 있기 때문이다. 미국과 유럽 주요국 선거에서 우파 세력의 전면 대두 등 포퓰리즘이 정치의 전면에 부상하고 이에 따른 외교정책적 전환이 전개되는 현상 이면에 인구변동이라는 기저변수가 작동하고 있다. 이 글이 주목하는 포퓰리즘이란 기성 제도권 정치와 제도, 기성 엘리트에 대한 반감, 그리고 잊혀진 보통국민들을 위하고 애국심을 강조하는 정치적 경향을 말한다(Judis 2016). 현재 서구 주요국들은 자국의 경제성장과 복지, 쇠퇴하는 계층의 보호, 국내질서 유지에 더 큰 관심을 보이고, 국내 안정과 번영이 대외질서에 의해 보장받지는 못할 것이라 믿으며, 국제협력보다는 양자주의, 특수주의, 일방주의에 경도되고, 무력사용/위협도 불사하고, 보호주의적 통상정책을 선호하는 포퓰리즘적 경향성을 강하게 드러내고 있다. 이러한 변화는 신자유주의적 세계화에 대한 사회적 불만이 작용하고 있기 때문임은 최근 여러 논의에서 지적되고 있다. 신자유주의적 세계화는 세계경제 전반의 성장을 가져온 반면 국가 간, 그리고 국가 내 소득격차의 확대를 가져왔고, 사회적 유대를 약화시켜 사회적 취약성을 증대하고 정치의 양극화를 초래하였다. 이념적, 정책적 양극단에 위치한 정치집단 간의 대결은 종종 정치 마비상태와 정치쇠퇴(political decay)를 불러온 결과(Fukuyama 2014), 기성정치체제(establishment)에 대한 반기를 내건 비주류, 아웃사이더 정치가들이 부상하고 급기야 브렉시트와 트럼프 당선에 이르게 되었던 것이다.

신자유주의적 세계화와 동시적으로 전개되어 온 현상은 인구변동의 이중구조이다. 한 측면은 인구폭발로서 이는 20세기 현상이다. 1900년 약 17억 명이던 세계인구는 2000년 60억 명을 돌파하면서 100년 사이 무려 4배로 증가하였다. 향후 2050년경이면 약 25억 명이 증가하여 98억 명의 인구를 가질 것으로 전망된다. 인간이 식량을 제한 없이 조달할 경우 인구는 제한 없이 증가할 것이라는 멜서스(Malthus)의 예상이 실현될 수 있음을 우려한 가운데 열린 첫 번째 국제협력 사례가 1972년 로마클럽이 발표한 성장의 한계(Limit of Growth)였다. 기하급수적으로 증가하는 인구를 지구환경이 감당하기 어렵다는 경종이었다.

그러나 인구변동 추세를 자세히 들여다보면 인구 증가 속도가 점차 완화되는 경향을 볼 수 있다. 세계인구 증가율이 1965-1970년 연평균 2.0%를 피크로 하여 이후 2000년에 들면서 1.2%로 저하하였다. 과학의 발달과 생활조건의 향상에 따라 선진국을 중심으로 출생률이 저하되면서 인구감소사회로 이동하는 경향을 보이기 시작한 것이다. 특히 아시아 태평양 지역은 세계고령인구의 36%를 차지하고 있고 그 중 중국이 1.1억 명으로 최대규모이다. 2025년에는 4.1억, 2050년에는 7.5억으로 전망된다. 즉, 고령인구 폭발의 시대를 맞이하는 것이다. 또 다른 특징은 고령화 속도가 세계 최고라는 것이다. OECD 경우 50-100년 걸린 시간을 아태지역은 20-25년으로 앞당기고 있다. 이 지역에서 출생률의 저하가 급격히 일어나고 급속히 고령사회로 진입함에 따라 고령화에 따른 사회경제적 영향 효과는 서구 선진국의 그것보다 배증될 것으로 전망할 수 있다.

이렇듯 인구 증가 속도가 저하되면서 지구촌은 선진국과 개도국/저개발국 간 인구변화의 이중구조가 형성되었다. 세계인구 중 선진국 인구 비중은 1950년부터 2005년 사이 32.1%로부터 18.7%로 감소한 반면, 개도국은 67.9%로부터 81.3%로 상승하였고, 이 추세를 지속되어 2050년에는 13.5% 대 86.5%로 나타날 것으로 전망된다. 현재 73억 명의 세계인구는 2050년 97억으로 무려 25억 명이 증가하고 그 대부분은 개도국에서 일어나게 된다. 대표적으로 아태지역은 세계은행 보고서에 따르면 다음과 같은 세 개 국가군으로 나누어진다. 제1군은 노령층이 인구의 14%인 초고령화 국가군으로서 홍콩, 대만, 싱가폴, 한국, 일본 등이고, 제2군은 급속한 고령화가 성장률을 능가하는 국가군으로서 중국, 인도네시아, 말레이시아, 태국, 베트남 등이며, 제3군은 여전히 젊은 국가로서 캄보디아, 라오스, 미얀마, 필리핀, 뉴기니 등을 포함한다. 따라서 아태지역은 인구감소와 인구폭발이 동시에 일어나고 있는 이중구조를 보이는 공간이라 규정할 수 있다.

이러한 인구의 이중구조는 어떠한 국제정치적 현상을 야기하는가. 이 글의 제2절은 제3세계 혹은 개도국에서 인구폭발이 가난, 기후변화, 물부족 등과 결합되면서 청년층의 불만과 정치적 불안정, 갈등을 초래하고, 나아가 대량이민을 야기하여 국제적 불안정 요인이 되는 일련의 과정을 설명한다. 제3절에서 선진 산업국들의 사례는 다음과 같이 요약될 수 있다. 이들은 개도국과 대조적으로 저출산·고령화에 따른 노동인구(경제활동인구) 감소로 경제의 저성장기조를 맞이하고, 동시에 고령화가 고령층의 빈곤율을 높여 소득분포의 악화를 가져오는 불평등을 겪게 된다. 이에 따라 가용 자원의 한계하에서 연금과 건강보험 비용의 증가에 따른 재정적자 해소방안 등 여러 분배이슈를 둘러싼 갈등이 점증하게 되는 것이다. 제4절에서는 이러한 경제적 불만과 함께 선진국에서는 개도국 이민자의 유입에 따라 문화적 정체성의 위협

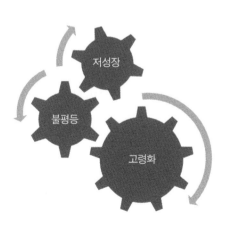

이 점증하고, 이민자들이 일자리를 빼앗아 간다는 경제적 불만이 중첩되면서 점진적 개혁에 대한 불만과 결단력 있는 지도자의 과감한 해법을 선호하는 경향이 배가되는 사례를 브렉시트와 미 대통령선거에서 찾는다. 이 두 포퓰리즘 사례는 정치적 양극화로 종종 마비상태에 처하며 금융가의 특권적 이익을 대변하는 무능한 기성질서에 대한 반기, 그리고 이민문제를 둘러싼 자국의 문화적 정체성에 대한 위기감이 결합하여 나타난 사건이다. 인구변화가 저성장과 불평등을 매개로 문화변수와 상호작용한 결과라 할 것이다.

나. 인구폭발의 국제정치

오늘날 인구폭발이 일어나고 있는 지역은 아프리카와 중동, 아시아 일부 등 개발도상국 및 저개발국가 등이다. 문제는 이 지역이 정치적 불안정과 갈등이 높은 곳이라는 데 있다. 이 양자는 인과관계에 있는 것일까. 과연 인구의 급격한 증가는 어떤 효과를 가져다주고 있나.

인구규모가 국력의 주요 요소인 이유는 경제발전에서 경제의 규모 혹은 규모의 경제 실현이라는 측면에 있다. 스미스(Smith)는 전문화와 분업, 자유경쟁을 경제발전의 핵심요인으로 간주하면서 이것이 실현되기 위해서는 일정 규모 이상의 인구를 필요로 함을 시사하였다. 고도의 전문화와 분업은 결국 시장의 규모가 클 때 실현되며 시장은 경제주체의 수에 의해 좌우되는 것이다. 반면 인구팽창이 성장을 저해한다는 비관론의 대표는 맬서스이다. 인구 증가가 자원고갈을 초래한다는 주장은 이후 인도 등 남아시아의 저개발 상태를 설명하는 이론으로 연결되고 있다. 반면, 급속한 인구 증가에도 불구하고 기술혁신으로 생산성을 향상시키고 새로운 자원을 개발함으로써 인구 증가에 따른 부정적 요인을 극복해 왔다는 입장도 병존하고 있다.

이 글의 문제관심은 인구변화의 경제적 효과보다 그 국제정치적 관련성에 있다. 즉, 인구폭발이 경제적 곤란을 야기할 때 어떤 국제정치적 결과를 가져오는가이다. 현재 인구의 대부분이 1일 $1.25 이하의 생활을 하는 지역은 사하라이남 아프리카와 남아시아이다. 극빈 상태에 있는 이들의 인구구성을 보면 15세 미만의 연소자 인구가 전 인구의 40%를 상회하고 있어서 이들을 부양하는 데 가계소득의 대부분이 지불되어 저축이 저수준이고 따라서 투자 역시 저수준에 머물러 저생산과 저소득을 가져다주는 빈곤의 악순환을 초래하게 된다.

둘째, 인구와 식량부족과의 관계이다. 식량위기는 종종 전쟁이나 가뭄, 기근에 의해 야기되나, 근자의 현상은 농촌으로부터 도시로 이주하면서 도시인구의 증가와 실업의 증대에 따른 식량부족이 야기되고 있다.

셋째, 인구와 물부족 관계이다. 물부족 현상은 선진국, 개도국을 막론하고 나타나고 있으나 빈곤층에 그 영향은 가중된다. 이는 생사가 달린 문제인데, 한 국가의 물 공급이 한정되어 있을 때 그 국가의 경제수준이 낮아 수자원 확보에 적절한 투자를 하지 못한다면 인구 증가는 불가피하게 물부족 현상을 일으킨다. 특히 아프가니스탄, 이라크, 이스라엘, 요르단, 쿠웨이트, 키르기스스탄, 파키스탄, 예멘 등이 고통을 받고 있는 것으로 드러나고 있으며 대부분의 남아시아 및 중앙아시아 국가들이 피해대상이다.

넷째, 인구와 기후변화/환경파괴의 관계이다. 기후변화는 물부족 및 식량부족과 직접 관련되어 있고 인구 증가는 이에 대한 대응을 어렵게 하고 있다. 예컨대, 사막화는 인구 증가에 의해 가속화되는 경향이 있다. 농민의 수가 증가하면서 경작지를 확대하려는 압력이 증가하고, 연료 확보를 위해 벌목하는 결과 사막화 현상이 진전되는 것이다.

인구폭발이 가난, 식량부족, 물부족, 환경파괴와 연계되고 있다면 인구변동은 국제관계의 불안정과 갈등을 야기하고 있는가? 다시 말해서 인구폭발을 경험하고 있는 국가와 지역이 식량부족, 물부족, 환경파괴를 겪고 있고, 나아가 정치적 불안정과 갈등을 겪고 있다면, 이러한 상관관계에는 인과관계가 성립하는가. 기존 연구성과를 보면, 호머-딕슨(Homer-Dixon 1994)은 인구폭발에 의해 야기되는 환경파괴가 도시화를 촉진하고 그에 따른 사회적 갈등과 정치적 갈등을 유발한다고 주장한 바 있다. 또한 인구 구성비의 변화 즉, 청년층(15-24세) 비중의 증대에 따른 사회, 정치적 영향에 대한 연구도 흥미롭다. 이 연구에 따르면 환경변화에 따라 주로 청년층이 도시로 이주하면서 대량 실업사태와 도시빈민층을 구성하여 사회적 불안과 정치적 갈등을 야기한다. 아프리카 개발은행의 보고서에 따르면 향후 인구 증가의 90%가 개도국의 도시지역에 밀집하게 되며 도시의 급속한 팽창은 포괄적 성장을 가져다주지 못해 도시 슬럼과 빈곤, 소득 격차 확대를 가져다 줄 것으로 전망하고 있다(Walker 2016, 991에서 재인용).

매드슨(Madsen 2010) 등에 따르면 지난 1970-2007년간 적어도 인구의 60% 이상이 30세 이하인 국가에서 사회갈등의 80%가 도시 청년층에서 일어났으며, 나아가 이들이 테러조직과 반란세력의 충원 대상이 될 것으로 판단하고 있다. 중동에서 IS의 발흥도 이런 추세와 관계가 있다고 볼 만큼 인구의 급격한 증가가 환경파괴와 자원고갈을 통해 내전과 국제적 갈등을 가져온다는 데 대해서는 과거보다도 미래에 더욱 그러할 것이란 전망이 강하다. 니제르(Niger)의 사례를 보면, 니제르 인구는 1950년 2.5백만 명이었으나 2015년 19.9백만 명으로 증가하였으며 2050년 7천2백만 명, 2100년에는 2억에 달할 것으로 전망된다. 니제르는 이웃국가인 나이지리아나 말리에 비해 비교적 안정정인 국가였으나 기후변화의 영향으로 가뭄과 온도상승으로 경작이 제한되고 사막화가 확대되면서 토양의 황폐화가 일어나 경제적 곤경에 처하게 되었다. 그 결과, 매월 9천−1만 명 정도의 청년들이 리비아로 이동하고 알카에다가 개입하여 극단적 소요와 갈등이 빈번하게 일어나고 있다.

이렇듯 난민 혹은 불법이민은 2015년 무려 6천만 명이나 발생하였다. 이들 대부분(86%)은 여타 개도국에 수용되고 있으며 터키와 레바논, 에디오피아가 상위를 점하고 있다. 난민 발생은 시리아를 필두로 이어 아프가니스탄, 소말리아, 남수단, 수단, 콩고공화국, 미얀마 등이 뒤를 잇고 있다. 시리아와 아프가니스탄의 전쟁을 제외하면 환경 난민이 지배적이라 할 수 있다. 따라서 현재 유럽이 겪고 있는 "이민 위기"는 시리아 내전뿐만 아니라 아프리카 난민에서 비롯된다.

다. 고령화와 인구감소의 국제정치

개도국이 인구폭발로 갈등을 겪고 있다면 선진국은 저출산·고령화와 이에 따른 인구감소(예상)로 고전하고 있다. 특히 저출산·고령화가 가져다주는 영향은 이른바 인구보너스 개념으로 설명된다. 인구보너스란 1997년 메이슨이 "인구와 아시아 경제의 기적"이란 논문에서 사용한 개념으로 출생률 저하가 생산연령인구의 급속한 증가를 통해 인구 보너스를 가져다준다는 것이다. 대표적 사례로 동아시아가 인구보너스를 향유할 수 있었던 것은 각국 정부가 가족계획을 추진해 아동인구를 줄이는 대신 젊은층 노동력이 팽창함으로써 보다 큰 투자와 노동생산성 향상, 경제성장을 가져오는 기초를 마련한다는 것이다. 블룸과 윌리암슨(Demographic Transitions and Economic Miracles in Emerging Asia)은 1960-1990년 아시아경제를 대상으로 인구변수를 사용하여 계량 분석한 결과 성장의 1/3이 인구보너스에 기인한다는 결론을 내렸다. 이런 인구보너스 효과는 생산연령인구 증가가 반드시 노동투입량의 증가로 이어지는 것은 아니라는 점에서 성장에 직접적 효과를 초래하기보다는 인구변화가 가져다주는 잠재력을 현재화할 수 있는 정책을 수행한 국가에게 경제성장을 가져다준다는 의미라 할 수 있다.

21세기에 들면서 아태지역의 경우 출생률의 급격한 감소와 고령화로 인해 인구보너스 효과가 소멸되고 세계에서 가장 빠른 고령화 속도를 나타내고 있는데 OECD 국가의 경우 50-100년에 걸린 고령화

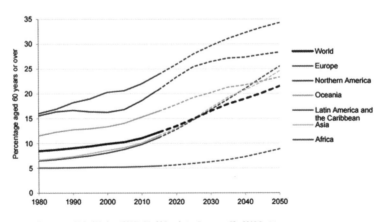

Data source: United Nations (2015). World Population Prospects: The 2015 Revision.

그림 1.1 60세 이상 인구 비중, 1980-2050

과정이 아태 지역의 경우 20-25년에 이루어지고 있다. 그 결과 세계 고령인구의 36%가 아태지역에 거주하고 있으며 이 가운데 중국이 1.1억을 차지하고 있다. 고령화는 출산율의 급격한 저하를 가져와, 여성 1인당 아동비율이 1960년 5.9명에서 2005년 2.4명으로 저하되었고, 다른 한편으로 기대수명이 점진적으로 증가하면서 노동인구 혹은 경제활동인구가 감소하는 현상이 발생하고 있다. 2010-2040년 사이 한국은 15%, 일본, 중국, 태국은 10% 감소할 전망이어서 경제에 깊은 시름을 안겨줄 것이다.

초고령사회를 선도하고 있는 일본의 경우 아동(0-14세) 수는 2014-2015년 1년간 15.3만 명 감소하였다. 이런 추세는 이미 1982년부터 시작되어 35년간 지속되고 있다. 이와 함께 고령화율이 급속히 진전되어 1970년 총인구 중 65세 이상이 차지하는 비율이 7%를 상회하는 고령화사회로 진입한 후 1994년 14%를 넘어 고령사회가 된 후

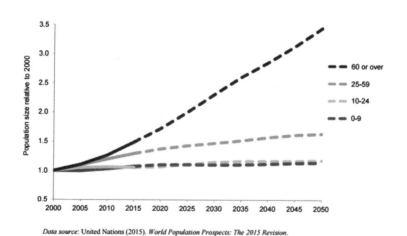

Data source: United Nations (2015). *World Population Prospects: The 2015 Revision.*

그림 1.2 연령대별 세계 인구 증가, 2000-2050

2007년 21%를 초과하여 세계 최초로 초고령사회에 진입하였다. 노동인구 대 고령자 비율은 고도성장 시대 11 대 1이었으나 2013년에는 2.1 대 1, 2030년에는 1.8 대 1, 2060년에는 1.3 대 1로 전망된다. 한국

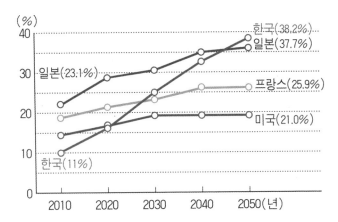

그림 1.3 노동인구 대 고령자 인구 비율 국가별 비교, 2010-2050

https://encrypted-tbn0.gstatic.com/images?q=tbn:ANd9GcTflz7N-OByNVGS-_qacUe_wVD2N Elpm0aslzSvMik_2SMN7M1XzrhYHjg

TABLE II.4. Ten countries or areas with the largest percentage point changes in the proportion of the population aged 60 years or over, 2000-2015 and 2015-2030
(See Annex Table A.III.5 for full list of countries or areas ranked according to the percentage point change in the proportion aged 60 or over)*

Rank	Country or area	Percentage point change between 2000 and 2015	Country or area	Percentage point change between 2015 and 2030
1	United States Virgin Islands	10.9	Cuba	12.8
2	Japan	9.9	Republic of Korea	12.7
3	Malta	9.3	China, Hong Kong SAR	12.3
4	Finland	7.3	China, Taiwan Province of China	12.1
5	Republic of Korea	7.2	Curaçao	11.7
6	Aruba	7.0	China, Macao SAR	11.4
7	Martinique	6.9	Thailand	11.2
8	China, Hong Kong SAR	6.9	Martinique	11.0
9	China, Taiwan Province of China	6.7	Brunei Darussalam	11.0
10	Curaçao	6.6	Singapore	9.9

Data source: United Nations (2015). *World Population Prospects: The 2015 Revision.*
* Of 201 countries or areas with at least 90,000 inhabitants in 2015.

역시 1990년 고령인구 비율이 1990년 5.1%에서 2011년 11.4%에 달하였고 2015년에는 13.1%로 고령화 속도가 일본을 추월하는 추세이다.

인구 고령화는 생산가능인구(노동인구)의 감소, 즉 인구보너스를 소멸시키고 저축률 하락에 따른 자본 축적 속도의 둔화를 유발하여 성장잠재력을 저하시키는 요인으로 지목되어왔다. 또한 고령층은 금융자산에 대한 수요가 낮고 위험회피 성향이 강하여 자산가격의 하락과 자산 수익률 하락을 초래한다. 기대수명의 연장에 따라 장기요양 서비스, 공공사회 서비스 수요가 빠르게 증가함에 따라 국가재정에 큰 부담을 안게 되는 부정적인 파급효과를 초래한다(Reinhardt 2000). 이렇게 볼 때 세계인구 전체는 증가해 왔지만 1990년대 들면서 생산가능인구는 감소하여 왔고 바로 이 시기부터 저성장이 지속되었던 것은 우연이 아니다. 제2차 세계대전 이후 세계인구는 매년 2%의 증가율을 보여왔고, 세계경제 역시 2%를 베이스 포인트로 성장해 왔다. 1990년을 기점으로 인구절벽이 나타나면서 1% 성장대로 하락했고 특히 고령화 인구가 제3세계의 폭발적 인구 증가를 상쇄하는 현상이 나타났다. 현재 인구 증가는 50대 이상 연령그룹에서 일어나고 있으며 가장 급속한 증가세는 80대 이상이다(Sharma 2016). 따라서 생산연령인구는 대부분 선진국을 중심으로 감소하고 있으며 샤르마는 인구 증가 둔화가 경제적 충격을 가져다주고 있다고 주장한다(Sharma 2016, 27). 2010년대 현격히 경제성장이 둔화되고 있는 신흥경제권인 중국, 러시아, 폴란드는 경제가능인구의 축소를 겪고 있다.

한편 인구 고령화는 경제적 불평등의 확대와 동시에 진행되고 있다. G7의 경우, 1983년에서 2010년까지 모든 국가의 지니계수가 증가하였다. 이 가운데 물론 미국은 가장 높은 지니계수를 나타내고 있다(그림 2 참조).

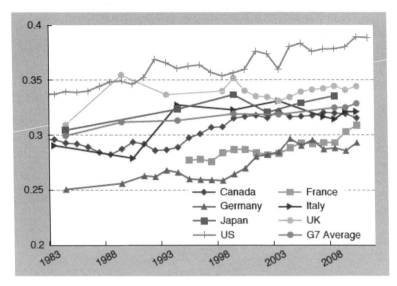

그림 2 G7의 지니(Gini)계수 변화 추이(1983-2009: 세후)

출처: OECD Data. Aoyagi and Ganelli(2016)에서 재인용.

OECD의 경우도 1980년에서 2008년에 이르는 기간 중 회원국들의 지니계수는 평균 0.29에서 0.316으로 증가하였다(OECD 2011). 또한 주요 선진국들의 소득불평등 확대는 상위 1%의 소득 비중에서도 확인된다. 〈그림 3〉에 나타나듯이, 모든 OECD 회원국에서 상위 1%의 소득 비중이 확대되었다. 다만, 덴마크와 프랑스의 경우 상위 1%의 소득 비중 증가세가 상대적으로 완만한 것으로 나타나고 있다. 그러나 복지 시스템이 잘 갖추어진 북유럽 국가들 가운데 스웨덴과 노르웨이에서 상위 1%의 소득 비중이 2배 가까이 증가하였다는 점을 고려할 때, 복지 서비스의 효과도 제한적인 것으로 보인다. 실제로 스웨덴의 경우, 빈곤율이 1995년 4%에서 2010년 9%로 증가했고, 핀란드와 룩셈부르크 역시 빈곤율이 2% 증가했다(OECD 2011).

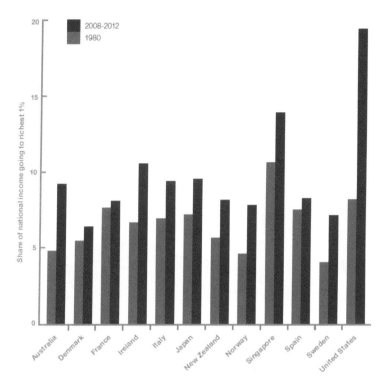

그림 3 OECD 회원국 상위 1%의 소득 비중 변화

출처: WEF 2015에서 재인용.

　동아시아의 경우, 고도성장기 한국, 대만, 싱가포르, 홍콩 등 아시아 신흥공업국들은 빈곤 감소를 통해 불평등을 완화하는 데 상당한 성공을 거두었지만 1990년대 초 이후 아시아 국가들에서 경제적 불평등이 빠르게 증가하고 있으며, 이러한 현상은 특히 신흥국에서 두드러진다. 예를 들어, 고동성장기 대다수 아시아 국가들에서 순지니계수가 감소한 데 반해, 1990년대 이후 상당수 국가의 순지니계수가 빠르게 증가하고 있다.

　이러한 경제적 불평등의 확대 원인은 다양하게 제기되고 있지만 신자유주의적 세계화의 결과라는 데는 이견이 없다. 그 중 보다 구체적으로 신자유주의 정책의 채택 결과라는 주장(Ostry 2016)에 따르면 세계 전체적으로 1980년대 중반 이후 신자유주의 정책의 채택이 빠르게 증가했는데, 이들 국가들은 높은 개방성을 유지하는 가운데 그로 인한 피해집단에 대한 보상을 최소화하는 전략을 채택했다. 개방에 따른 성장의 과실이 적하효과(trickle down effect)를 통해 사회 전체로 확산될 것이라는 신념에 따른 것이다. 무역 자유화로 인한 개방성의 증가는 교역에 특화하는 산업을 중심으로 생산성의 향상을 초래하며, 그 결과 경제성장이 촉진되고 성장의 과실은 사회 전반에 고루 확산될 것이라는 주장이다. 개방의 효과가 사회 저변에까지 순차적으로 확산될 것이기 때문에, 정부가 개방의 수위를 조절하거나 개방에 따른 피해 보상을 적극적으로 모색할 필요가 없다는 논리이다. 심지어 개방의 피해집단에 대한 보상과 이를 위한 세율의 인상은 초국적 활동을 하는 다국적 기업의 투자 및 사업 결정에 부정적 영향을 미치기 때문에 억제되어야 한다는 규범적 주장을 펴기도 한다.

　문제는 소득불평등이 인구고령화와 연계되어 있다는 점이다. 디튼과 팩슨의 연구(Deaton and Paxson 1994)에 따르면 미국, 영국, 대만의 경우 가구소득 및 가구지출의 분산이 연령에 따라 증가하여 65세 전후에서 불평등의 정도가 가장 높았다. 일본의 경우도 소득 및 소비 불평등이 연령이 높을수록 증가함을 보였고, 특히 1980년대 소비불평등의 주원인으로 인구고령화를 지목하는 연구도 있다(Ohtake and Saito 1998). 한국의 경우도 고령층일수록 빈곤율이 높아지고 소득분포가 악화되고 있어서 향후 고령인구의 비중이 더욱 증가할수록 사회 전체의 소득불평등이 심화될 것이다. 구체적으로 홍종철과 전한경의 연구(2013)는 가구주 연령이 40세 이후가 되면 가구소득의 불평등도가 크게 증가하여 선진국과 유사한 패턴을 보이게 되는데, 지난 20년간 40세 이상의 가구주 비중은 약 61% 증가하였고 이러한 인구구조의 변화는 같은 기간 가구 간 소득불평등 증가를 약 25% 정도 설명하는 것으로 추정하고 있다.

끝으로 경제적 불평등은 저성장의 원인이기도 하다. 오쿤(Okun)은 한 사회가 불평등과 효율성 둘 중 하나만을 가질 수 있다고 주장하였지만 불평등이 심화되는 오늘의 현실에서 불평등이 성장잠재력을 저해한다는 다양한 연구결과가 나오고 있다. 저소득층이 건강을 적절히 유지 못하므로 생산성이 저하하고 교육 투자가 여의치 않으므로 성장을 저해한다는 주장, 서머즈(Summers) 등에 의하면 고소득층은 저소득층에 비해 저축을 많이 하기 때문에 불평등이 심화될수록 과잉저축(saving's glut)이 일어나고 금리가 하락하여 자산가격 상승을 유도하고 차입을 증대시켜 중앙은행의 정책적 선택을 축소시키는 결과를 가져온다는 것이다. 요컨대, IMF는 상위 20%의 소득이 1% 증가할 때 향후 5년 성장률의 0.08%가 감소하며 하위 20% 소득 증가는 성장률 증가를 가져온다는 연구결과를 내어 놓았다(Economist 2015. 6. 15.).

미국의 경우, 불평등의 증가가 상위 1%의 소득 증가에 기인하였다는 점, 즉 최상위 1%의 비중이 1970년대 9%에서 2010년 20%로 증가하였으며 이들의 소득 증가세가 상위 10%의 소득 증가율을 상회하고 있다(Piketty 2014). 이렇듯 경제적 불평등의 증가로 중산층 이하의 개인들의 부채가 증가하면서 리만 쇼크와 금융위기를 초래하였고, 이를 거치면서 불평등은 더욱 심화되었다. 따라서 소득불평등의 심화는 미국경제의 불안정성과 취약성을 높여 위기를 가져왔고 그 결과 소득불평등이 더욱 악화되는 구조적 악순환이 전개된 것이다.

이상의 논의를 종합하면, 인구고령화는 저성장과 경제적 불평등을 초래하는 한편, 불평등은 저성장의 원인인 동시에 저성장이 불평등을 심화하는 상호 연관관계가 성립된다. 따라서 고령화와 저성장, 불평등은 서로 넥서스를 이루고 있으며, 그 결과 세대 간 혹은 계층 간 양극화와 갈등이 야기되고 있는 것이다.

라. 인구문제와 포퓰리즘의 국제정치

고령화에 따른 세대 간 갈등, 저성장과 불평등은 사회적 유대를 약화시켜 정치적 양극화를 초래하고 있다. 쿠즈네츠(Simon Kuznets)는 발전의 초기단계에서 불평등이 증대되는 점을 지적한 바 있지만 오늘날 불평등은 빈국, 중진국, 선진국 등 발전의 모든 단계에서 심화되고 있다. 특히 경제의 세계화가 심화되면서 선진국의 노동자(블루칼라 노동자)들은 개도국의 저임금 노동자와 경쟁하게 되어 일자리가 개도국으로 이전되는 압력을 맞아왔다. 이들의 목소리가 거세지면서 불평등을 둘러싼 갈등이 지구적 차원에서 전개되었고, 미국 등 여러 선진산업국에서 노동자 보호를 주창하는 정치적 요구가 분출하고 있다. 문제는 이들의 보호가 저성장이란 주어진 제약조건하에서 합리적이고 점진적 과정에 따른 정책 대안 마련이 아니라 배외주의적 포퓰리즘에 근거한 과감한 정치적 선택을 선호한다는 데 있다. 영국의 경우, 세계화와 자유무역으로 인한 피해계층(노동자)의 불만이 장기간 누적되어 영국정치 저변에 지속되었지만 주류정치 어젠다로 자리 잡지 못한 속에서 브렉시트라는 과격한 해법이 등장하는 사태가 발생하였다.

이와 함께 주목해야 할 요인은 인구이동, 즉 이민에 따른 문화적 가치 혹은 정체성 위협이다. 서구는 재화, 자본, 사상, 문화의 세계화는 용인하지만 인구의 세계화에 따른 이민 물결에 강한 불만과 위기의식을 표출해왔다. 서구는 인구 고령화에 따른 노동력 부족 현상을 이민으로 해소해 왔다. 따라서 이미 상당한 수의 이민자가 사회로 유입되어 온데다 2000년대 이후 강요된 이민자 혹은 불법이민자 수가 급격히 증가하고 있다. 2015년 2억 5천만 이민자 중 6500만 명이 강요된 이민자이고 유럽에 7천6백만 명이 유입되었다. 이민 유입 속도에 대한 공공의 우려는 한편으로 문화적 위기감과 다른 한편으로 일자리를 빼앗긴다는 경제적 위기감이 중첩된 것으로서 브렉시트는 이것이 극적으로 표현된 사례라 하겠다.

　도널드 트럼프 대통령 당선자 역시 이런 흐름을 타고 등장한 사례이다. 수년간 미국을 휩쓸고 있는 경제침체와 불평등의 심화에 따른 백인 노동자계층의 지속적인 불만과 함께, 이민문제와 테러문제를 둘러싼 미국의 문화적 정체성에 대한 위기감이 포퓰리즘적 대응이 대두되는 환경을 조성하였고 트럼프는 이를 정확히 파악하였다. 트럼프 포퓰리즘은 "기존 특권층정치인(establishment politician)"을 무능과 부패의 대상으로 부각하고 교착상태를 반복하는 워싱턴 정가에 강력한 변화의 바람을 불어 넣을 "아웃사이더(outsider)" 후보로서 자신을 자리매김하고, 미국의 경제적 이익과 미국의 안보를 가장 우선시하는 "미국우선주의"라는 간결하고 선명한 메시지를 던지는 것이었다. 트럼프는 그가 지도하는 미국은 결코 세계화의 물결이나 국제제도 혹은 국제기구에서 미국의 주권적 권한을 빼앗기거나 제한되지 않을 것임을 강조함으로써 미국의 자존심을 높이고 그를 지지하는 유권자들의 기대감을 신장시키는 한편, 세계화로 인해서 일자리를 상실하고 남미 불법이주민과 무슬림의 국내외 테러로 인해서 불안감을 지닌 보수성향의 미국인들에 호소력을 발휘할 수 있었다.

　현재 국제질서는 포퓰리즘과 민족주의의 부활로 혼란상태에 빠져 있다. 선진국을 중심으로 자국의 상대적 쇠퇴 추세를 역전시키는 수단으로 복고적 민족주의가 등장하여 현재의 쇠퇴 흐름을 바꾸고 과거의 영광을 재현하려는 모습을 보이고 있다. 트럼프 대통령에 의한 "Let's make America great again" 슬로건은 1950년대 미국의 영광을 복원하려는 움직임이며, 러시아 푸틴 역시 러시아 제국의 영광을 재현하려는 복고적 민족주의라 할 수 있고, 일본의 아베가 일본의 재흥(再興), 즉, "Japan is back!"을 외친 것도 이런 차원이다. 이렇듯 질서변화의 이면에는 인구변동의 문제가 반세계화 흐름과 연결되어 있다.

참고문헌

홍종철·전한경. 2013. "인구고령화와 소득불평등의 심화." 『한국경제의 분석』 19, 1.

Deaton, Angus and Christina Paxson. 1994. "Intertemporal Choice and Inequality," *Journal of Political Economy* 102, 3.

Dent, Harry. 2014. *The Demographic Cliff*. NY: Portfolio/Penguin.

Eggleton, Karen, and Shripad Tuljapurkar. 2011. *Aging Asia: Social and Economic Implications of the Rapid Demographic Change in China, Japan and South Korea*. Stanford: Shorenstein Asia-Pacific Center.

Fukuyama, Francis. 2011. *Origins of Political Order*. New York: FSJ.

Homer-Dixon. 1994. "Environmental Scarcities and Violent Conflict: Evidence from Cases." *International Security*, Vol. 19, No. 1.

Judis, John. 2016. *The Populist Explosion*. New York: Columbia Global Reports.

Madsen, Jakob. 2010 "Four Centuries of Economic Growth: Roles of Technology and Population," *Journal of Economic Growth*, Vol 15, No. 4.

Ostry, Jonathan D., Prakash Loungani, and Davide Furceri. 2016. *Neoliberalism Oversold? Finance & Development*. June: 38–41.

Park, Donghyun, Sang-Hyop Lee, and Andrew Mason, *Aging, Economic Growth, and Old-Age Security in Asia,* (ADB 2013)

Piketty, Thomas. 2014. *Capital in the Twenty-First Century*. Cambridge: Harvard University Press.

Reinhardt, Uwe. 2000 "Health Care for the Aging Care Boom," *Journal of Economic Perspectives*, Vol 14, No. 2.

Reuters 2016/09/20.

Saez, Emmanuel and Gabriel Zuchman. 2016. "Wealth Inequality in the United States since 1913: Evidence from Capitalized Income Tax Data." *Quarterly Journal of Economics* 131(2): 519–578.

Stokes, Bruce. 2014. "Americans have dim view of trade's impact on jobs and wages." September 17.

Sharma, Ruchir. 2016. *The Rise and Fall of Nations: Forces of Change in the Post-Crisis World*. NY: Norton.

The United Nations. 2015. *World Population Aging 2015*. file:///C:/Users/gsis/Desktop/final%20pj/WPA2015_Report.pdf

Walker, Robert. 2016. "Population Growth and its Implications for Global Security," *American Journal of Economics and Sociology*, vol 75, No. 4.

Weiner, Myron. 1971. "Political Demogra[hy: An Inquiry into Political Consequences of Population Change," *Rapid Population Growth* Volume II, Edited by National Academy of Sciences. Baltimore: JHU Press.

Wright, Quincy. 1942. *A Study of War*, Chicago: University of Chicago Press.

Zakaria, Fareed. 2017. "Populism on the March," *Foreign Affairs* 95.

Zhong, Hong. 2001. "The Impact of Population Aging on Income Inequality in Developing Countries," *China Economic Review* 22.

2

고령화와 한국안보:
사회(복지)안보와 국방안보의 딜레마

신성호(서울대학교)

가. 서론

한국은 고령화가 세계적으로 유래가 없을 정도로 빠른 속도로 진행되고 있다. 2000년에 이미 인구의 7% 이상이 65세 이상인 고령화 사회에 접어들었고, 2017년 유엔에서 정의하는 14% 이상의 고령사회에 이어 2026년경에는 인구의 21% 이상이 65세 이상인 초고령 사회로 진입할 것으로 예상된다. 이러한 현상은 세계 최저의 출산율과 더불어 생산 인구의 급속한 감퇴를 가져와 경제 활동 위축으로 인한 성장 둔화, 세수의 감소로 이어지고 있다. 문제는 고령화가 노인 인구의 사회복지(안보)비용의 급속한 증가 수요를 야기한다는 것이다. 현재 한국의 사회복지비용 지출은 OECD 중 가장 낮은 국민총생산(GDP) 대비 10% 남짓 정도를 차지하고 있다. 한국보다 여전히 고령화 문제가 덜 심각한 여타 OECD 국가의 복지비용 지출 평균이 20% 정도임을 감안하면 한국의 복지비용 수요가 조만간 급속한 증가를 할 수밖에 없는 것은 부정할 수 없는 현실이다. 한편 한국의 안보 상황 또한 커다란 도전을 제시한다. 1950년 한국전쟁 이후 남북 간 군사 긴장과 대치상태가 근본적 변화가 없는 가운데 북한은 2016년 새해 벽두부터 4차 핵실험을 강행하여 장거리 미사일 개발과 함께 비대칭 전력 강화에 박차를 가하고 있다. 이에 대처하기 위한 국방안보를 위해 한국형 미사일 방어체제 개발 등 대북 군사억제력 강화를 위한 국방 수요가 그 어느 때보다 시급한 과제로 대두된다. 더불어 중국의 부상에 따른 동북아 세력 전이와 중국의 급속한 군사력 강화 및 국방비 증가는 일본의 국방력 강화와 더불어 한국 안보에 이중삼중의 도전요인을 제기한다. 본 연구는 지난 수십 년간 새로운 트렌드로 자리 잡은 한국 사회의 고령화 인구 문제가 어떻게 흔히 사회안전망으로 표현되는 사회복지안보(social security)와 국가(방)안보(national security) 간에 긴장과 충돌을 야기하고 있는지를 살펴보고자 한다. 한국의 이러한 상황은 21세기 들어 부각되는 신안보개념 혹은 인간안보의 개념과 국가방위를 중심한 전통안보 개념의 충돌과도 맞닿아 있다. 즉 국가가 중시해야 할 안보의 우선순위가 바뀌고 있으며 이는 결국 한정된 재원을 어떻게 배분해야 할지의 문제로 귀결된다. 이러한 충돌이 가장 극명하게 드러나고 있는 분야가 정부의 재정지출이다. 본 연구는 지난 10여 년간 한국 정부재정지출 중 사회복지비용의 증가와 국방비의 증가 추세를 추적하여 그것이 향후 한국 경제발전의 저성장과 정부 재정수입 둔화라는 요인과 결합하여 가지는 구조적 문제점을 지적하고자 한다. 이를 통해 한국 사회의 고령화가 한반도 주변의 요동치는 동북아 국제정치와 남북 간의 군사대치 속에서 한국의 미래 안보정책에 가지는 의미를 고찰하고자 한다.

나. 한국의 고령화와 사회(복지)안보

한국은 저출산과 고령화가 그 어느 국가보다도 급속히 진행 중이다. 우리나라 출산율은 1960년 6.0에서 20여 년이 지난 1983년에 1/3 수준인 2.06으로 급격하게 감소하였다. 이후 출산율이 인구대체수준(2.1) 미만인 저출산 현상이 30년 동안(1984-2013) 지속되고 있다. 특히, 출산율 1.3 미만의 초저출산 현상은 2001년 이래 현재까지 지속되고 있다. 이는 결국 노동인구의 감소에 이은 전체 인구의 감소로 이어질 것으로 예상된다. 더욱이 이러한 인구감소는 전 세계에 유례가 없는 초고령화와 함께 진행되고 있다. 2050년에서 2060년이 되면 65세 이상의 노령인구가 전체의 40%에 육박할 전망이다. 보건사회연구원은 최근의 보고서에서 노인인구 비율이 30-40%에 도달한 국가는 역사적으로 전무하며 향후에도 쉽게 찾아볼 수 없을 것이라는 점에서 우리 사회에 어떠한 위기가 도래될 것인가에 대해 예측 자체가 어렵다고 경고하고 있다(이삼식·최효진 편저, 9). 정부는 이미 이에 대한 심각한 위기의식을 가지고 대통령을 위원장으로 하는 '저출산·고령사회위원회'를 출범시켜 대책 마련에 부심하고 있다. 그러나 저출산·고령화를 되돌리기 위한 정부의 각종 정책은 여전히 거대한 인구변화를 되돌리기에는 역부족으로 보인다. 실제 정부는 지난 2006년부터 2014년까지 9년간 저출산 대책으로 66조 원을 쏟아 부었으나 2015년 출생아 수는 43만 5,300명으로 1970년대의 40% 수준에 머물렀다. 결혼과 출산을 기피하는 사회의 구조적 문제를 해결하지 않는 한 인구문제는 해결하기 어렵다는 회의론이 전문가들 사이에 지배적이다. 21세기 대한민국의 저출산과 고령화는 눈앞에 닥친 현실이다. 저출산을 되돌리려는 노력도 중요하지만 이제는 현실을 받아들이고 경제와 산업구조, 노동과 이민정책, 노인복지와 정부재정, 결혼과 가정에 관한 사회의식 및 법 제도 정비 등 근본적인 접근을 달리하는 발상의 전환이 필요하다.

한국은 전 세계 국가 가운데 저출산과 인구노령화가 가장 급속하게 진행되는 사례이다. 보건사회연구원에 따르면 한국 사회는 전 세계에 유례가 없는 "초저출산/초고령화"라는 제2차 인구전환기(the 2nd demographic transition)를 겪고 있다. 1983년 이후 30여 년 동안 합계출산율이 인구대체수준(population replacement level)인 2.1 이하에서 지속되는 이른바 저출산 현상을 경험하였으며, 사망률 역시 지속적으로 낮아져 평균수명이 2007년에는 이미 OECD 평균수준을 상회하여 장수국가군으로 진입하고 있다. 특히, 2001년부터는 합계출산율이

1.3 미만에서 지속되는 초저출산현상(lowest low fertility)을 겪고 있다(이삼식·최효진 편저, 9). 경제협력개발기구(OECD) 국가 중 합계출산율(가임여성 1명이 낳을 것으로 예상되는 출생아 수) 1.3명 미만인 '초저출산'을 경험한 나라는 11개국인데 한국만 15년째 이 상태에서 벗어나지 못하고 있다. 최근 5년 평균으로 따지면 1.23 정도로, 세계 합계출산율 평균(2.50)의 절반에도 못 미친다. 반면 5년 평균 기대수명은 81.3세로 북아메리카(79.1세)나 유럽(76.1세)보다 높은 수준을 기록하고 있다. 실로 과거에 다른 국가들에서 찾아볼 수 없을 정도의 급격한 인구전환을 겪고 있는 것이다.

급격한 인구전환은 인구감소와 고령화로 귀결되고 있다. 최근 보도에 의하면 2016년 출생아 수는 매년 백만 명 이상의 베이비부머가 출생했던 1950-60년대 이후 처음으로 43만 명 이하로 내려갈 것으로 전망된다. 2000년까지만 해도 63만 명이 넘었던 출생아 수는 2002년 처음으로 40만 명대로 떨어졌다. 이후로도 꾸준히 줄었지만 2013년부터 2015년까지는 43만 명을 유지해 왔다. 2016년 만 44세인 1972년 당시 출생아 수 102만 명과 비교해 보면 60만 명가량이 준 것이다. 1960년 6.0명이던 한국의 합계출산율은 2005년 1.08명으로까지 추락했다가 2014년(1.21명)까지 1.3명을 회복하지 못하고 있다. 그 결과 한국의 인구구조는 2017년부터 본격적인 하향곡선을 그릴 것으로 예상된다. 먼저 2017년부터 15세-64세 사이의 생산가능인구가 감소하기 시작한다. 같은 해 65세 이상 고령자의 수는 14세 이하 어린이와 유아보다 28만 명이나 많을 것이다. 1960년에는 14세 이하 유소년이 65세 이상 고령자보다 1000만 명가량 많았다. 그러나 2000년 65세 이상 인구가 전체인구의 7%이상인 고령화 사회에 접어든 후 2018년에는 65세 이상 인구가 전체 인구의 14% 이상이 되는 고령사회에 진입한다.

2020년부터는 베이비붐 세대(1955-1964년생)의 은퇴가 시작되고 노인인구 비율은 2050년 37.4%, 2060년에는 40%까지 급격히 늘어날 것으로 예상된다. 2031년부터는 총인구가 감소할 것으로 전망된다. 한국은 지금 이 순간 지난 60년간 누려온 '인구보너스(인구증가로 인해 성장)' 시대를 마감하고 '인구오너스(인구감소로 인해 성장이 위축)' 시대로 전환하고 있는 것이다(박병률 2016). 아래 〈표 1〉은 역대 선진국에 비해 훨씬 급속한 속도로 진행되고 있는 한국 사회의 고령화를 보여 준다.

표 1 주요국의 고령화 속도

	도달 연도		
	고령화사회 7%	고령사회 14%	초고령사회 20%
미국	1942년	2014년(72년)	2030년(16년)
영국	1929년	1975년(46년)	2025년(50년)
독일	1932년	1972년(40년)	2008년(36년)
프랑스	1864년	1978년(114년)	2019년(41년)
일본	1970년	1995년(25년)	2006년(11년)
한국	2000년	2017년(17년)	2026년(9년)

자료: 통계청, UN
주1) %는 65세 이상 인구 비중.
주2) 괄호 안은 소요 연수
출처: 『비지니스워치』 2015.9.3.

　　많은 전문가들이 인구감소와 노령화는 잠재성장률 하락은 물론 소비·투자 감소, 사회보험 재정 고갈, 국가부채 증가 등 경제 전반에 부작용을 미칠 것으로 전망한다. 먼저 저출산·고령화가 심해지면 한국 경제는 노동력 부족과 소비 감소로 '저성장의 늪'에 빠질 것으로 우려된다. 일할 사람이 줄어드는데 구매력이 낮은 노인인구가 계속 늘어나기 때문이다. 전문가에 따르면 심각한 저출산으로 2024년부터 한국 경제를 유지하는 데 필요한 노동력이 모자라기 시작해 2060년에는 900만 명 이상의 노동력 부족을 겪을 것으로 보도되었다. 이는 전체 인구의 20%를 넘는 수준이다. 이는 곧 한국의 경제규모가 수축될 위험이 크다는 것을 의미한다("인구절벽 1", 연합뉴스 2016. 7. 9.). 한국개발연구원(KDI)에 따르면 2006-2010년 4.0%였던 한국의 잠재성장률은 2026-2030년 1.8%까지 감소할 것으로 예측된다. 경제가 성숙되면서 생산성은 제자리를 맴도는 반면 양질의 노동공급은 줄어들어 생산총량이 감소하기 때문이다. 한편 저출산·고령화로 소비증가율은 2001-2010년 3.8%에서 2031-2060년 1.4%로, 투자증가율도 같은 기간 3.1%에서 1.1%로 줄어들 것으로 전망되었다(경향신문 2016. 6. 24.).

　이러한 한국의 인구변화는 심각한 경제위기의 근본요인이 된다는 "인구절벽" 현상으로 분석되기도 한다. 미국의 경제예측 전문기관인 덴트연구소(Dent Research)의 창업자인 해리 덴트(Harry Dent)는 21세기 전 세계 주요 경제는 인구절벽(demographic cliff)을 겪으면서 심각한 저성장과 불황의 위기에 빠질 것으로 예측한다(Dent 2014). '인구절벽'이란 생산 가능한 인구인 15-64세의 비율이 급속도로 줄어드는 현상을 일컫는다. 그는 인구구조 변동과 소비지출 흐름이라는 두 지표를 중심으로 부동산·주식·일반상품시장의 장래 가격 동향을 예측하는데, 소비지출이 정점에 이르는 45-49살 연령대가 줄어드는 시기에 들어서면 소비가 급속히 하강한다는 뜻에서 인구절벽이란 용어를 쓰고 있다. 그에 의하면 자산시장의 붕괴와 금융위기를 예측할 수 있는 간단한 지표는 '소비흐름'에 있다. 그리고 이러한 소비흐름은 개인의 인생 주기에 따라 지출의 형태가 변화함으로써 만들어진다. 인구통계학에 따르면 전형적인 가정의 경우, 가장이 46세일 때 가장 많은 돈을 지출하는 것으로 분석된다. 베이비붐세대, 에코붐세대와 같이 인구수가 많은 세대의 평균 연령이 46세로 접어들 때 그 경제의 소비가 가장 왕성해지며, 소비가 왕성해야 기업은 투자증대에 나서고 경제가 발전한다는 것이다.[1] 그런데 최근 인구변화 추세를 보면 대부분의 선진국이 역사상 처음으로 앞선 세대보다 인구수가 더 적은 세대가 뒤를 따르고 있다는 것이다. 이를 덴트는 21세기 '인구절벽'이라고 부른다. 20세기 중반이후 선진국의 인구 증가를 견인했던 베이비붐세대가 46세일 때를 지나면 다음 세대가 46세를 이어받게 되는 데, 문제는 다음 세대의 인구수가 이전 세대인 베이비붐세대보다 현저하게 떨어진다는 것이다. 그 결과 필연적으로 소비가 저조해지고 경제가 침체하게 된다고 예측한다. 즉 인구절벽은 경제활동의 '소비절벽'으로 이어지고, 이는 다시 장기적 '소득절벽'으로 이어져 전반적인 경제침체를 초래한다는 것이다. 덴트는 인구절벽이 곧 '소비절벽'으로 이어지는 건 미국과 일본에서 이미 나타났다고 주장한다. 미국의 소비정점은 2003-2007년으로 2008년 금융위기 폭발 직전까지였다. 일본의 소비정점 기간은 1989-1996년이었다. 1989년 이래 일본의 장기불황과 미국이 진원지가 된 2008년 금융위기도 인구절벽에 따른 소비지출 추락이 중요한 요인이라는 것이다.[2]

덴트는 경제협력개발기구(OECD)의 인구추계 자료 등을 토대로

1   미국의 평균 가구에서 돈을 가장 많이 쓰는 시기는 가구주의 나이가 45-49살(연간 약 3만 7500달러)일 때라고 분석된다. 주택·자동차·가구 등 600여 개 품목에 걸쳐 연령대별 소비지출 변동을 실증분석해 내놓은 결과다. 저자에 의하면 전형적인 미국 가구에서 평균 소비성향이 가장 높은 나이는 46살(2007년)이다(Dent 2014).
2   덴트의 "인구절벽"론에 대해 많은 전문가들이 수요와 공급, 경제 소비 주체의 소비 성향과 경제 심리적 변화, 소비와 경제성장과의 함수관계, 기술 발전과 생산성 등 훨씬 변수가 많고 복잡한 경제현상을 너무 단순화하고 있다는 지적을 한다(Smith 2014.2.8; Grace Andruszkiewicz, "Are We going off a demographic cliff?" Aging 2.0 https://www.aging2.com/blog/are-we-going-off-a-demographic-cliff/).

볼 때 한국인은 '47살'에 소비가 정점에 이른다고 주장한다. 그는 "한국의 소비지출은 2010-2018년에 정점을 찍고, 소비가 가장 왕성한 이 연령대가 줄어드는 2018년부터 한국 경제에 인구절벽이 어른거리게 될 것"이라고 경고한다(조계완 2015). 2018년은 한국에서 출생인구가 정점을 이룬 1971년생이 정확히 47세가 되는 시기이다. 비록 '소비흐름'은 2020년까지 이어진다고 해도, 한국의 경우 인구 구조적으로 정점(2018년 무렵)을 치기 훨씬 전부터 경제가 내림세를 걷게 될 것으로 보인다. 특히 한국의 경우는 베이비붐세대 다음에 오는 에코붐세대가 거의 형성되지 않았기 때문에 2020년 이후부터 한국의 소비 추이는 수십 년간 하락할 수밖에 없다는 것이다. 특히, 초저출산·초고령화가 급속히 진행될 경우 노동공급 감소에 따른 성장 잠재력 저하뿐만 아니라 수요구조에 있어서 수출과 국내수요 간 불균형, 노동수급 격차 확대, 재정수지 적자 심화 등 경제 전반에 걸쳐 부정적인 영향을 초래할 가능성이 높다. 인구감소가 시작되면 파급효과는 장기적, 누적적으로 작용할 것이다. 국회 예산정책처는 2014년 발표한 '2014-2060년 장기재정전망' 보고서에서 한국 경제의 실질성장률이 2014년 3.6%에서 2060년에는 0.8%로 곤두박질할 것으로 예측했다. 동시에 고령화를 저성장 고착화의 가장 큰 원인으로 꼽았다(나원식 2015).

한국 사회의 급격한 인구감소와 노령화는 당장 내수 부진과 노동력 감소로 인한 경제성장의 침체뿐 아니라 우리 사회 전반에 걸쳐 심각한 부작용을 초래할 것으로 전망된다. 예를 들어 출생인구의 감소는 각급 학교의 학생 진학에 심각한 수급 불균형을 초래하고 있다. 보도에 따르면 2016년 입학생 수를 공시한 전국 초등학교 6,218곳 중 1,395개교가 신입생이 10명 미만이었던 것으로 나타났다. 5곳 중 1곳이 10명 미만의 입학생을 받은 것이다. 입학생이 한 명도 없는 초등학교도 93

곳에 달했다. 중학교는 입학생이 10명 미만인 학교(분교 포함)가 337 개교였고 이 중 입학생이 한 명도 없는 학교는 11곳이었다. 초·중·고교 전체로는 1,748개교, 입학생 수 공시 학교 1만 1,806곳 중 14.8%의 신입생이 10명 미만으로 분석됐다(김인경 2016). 2016년 전국의 학교당 평균 입학생 수는 초등학교 70명, 중학교 147명, 고등학교 252명이었다. 초등학교 평균 입학생 수는 2014년 77명, 2015년 73명에 이어 3년 연속 감소했다. 이에 따라 학령인구(6–21세)는 30년 뒤 현재의 절반 수준으로 낮아질 것으로 예상된다. 학생 난이 심해지면서 대학 간 격차는 더 심해지고 고등교육의 질은 떨어질 것이라는 우려가 있다.

노인 문제는 저출산·고령화의 또 다른 심각한 사회문제로 부상하고 있다. 2026년은 한국 사회에서 인구구조의 분수령이 될 것으로 보인다. 이때를 기점으로 베이비붐 세대(1955–1974년생)가 본격 노년층에 진입하면서 유엔의 분류에 따르면 총인구의 20% 이상이 65세 이상인 정초고령사회로 급격히 전환한다. 문제는 한국 노인인구의 절반이 빈곤층이라는 점이다. 경제협력개발기구(OECD) 통계를 보면 65세 이상 한국 노인의 상대빈곤율은 49.6%로 OECD 평균(12.6%)의 4배에 달한다. 상대빈곤율은 중위소득(모든 가구를 소득 순서대로 줄을 세웠을 때 정확히 중간에 있는 가구의 소득)의 절반(50%)에 미치지 못하는 가구의 비중을 뜻한다. 홀로 사는 노인의 빈곤 문제는 더 심각하다. 통계청 가계동향조사를 토대로 한국보건사회연구원이 분석한 결과를 보면 2015년 2분기 '노인 단독가구'의 월 소득은 평균 97만 원에 그쳤다. 그마저도 월 소득의 65%에 해당하는 62만 8천 원은 가족이 준 용돈 등 '이전소득'이다. 이런 65세 이상 1인 가구가 전국에 144만 3천 명에 달한다. 빈곤 문제가 심하다 보니, 한국 노인은 다른 선진국 노인과 달리 은퇴 후에도 쉴 수 없다. 보건복지부의 '2014년 노인실태조사'를 보면 노인의 28.9%는 생활비 등을 보충하고자 경제활동을 하고 있다. OECD에 따르면 2014년 기준 한국의 65세 이상 노인 고용률은 31.3%로, 34개 회원국 중 아이슬란드(36.2%)에 이어 두 번째로 높았다. OECD 평균(13.4%)의 2.3배다. 주요국과 비교하면 한국 고령층의 고용률 수준은 두드러진다. 일본은 20.8%, 영국은 10.0% 수준이었고 독일(5.8%), 프랑스(2.3%)는 한 자리 대이다. 고령층 일자리는 임시직 등이 대부분이어서 질도 떨어진다. 이 때문에 치료비와 생활비를 감당하지 못해 '생계형 파산'에 직면하는 노인 문제가 심각하다. 지난 3월 공개된 파산선고자 4명 중 1명이 60대 이상이라는 법원 통계는 한국 노인의 현실을 보여준다. 빈곤과 외로움으로 한계상황에 내몰린 한국의 노년층은 세계 최고의 자살률 기록한다. 노인 자살률은 인구 10만 명당 55.5명으로 우리나라 전체 평균 27.3명의 2배 수준이다. OECD 평균 자살률 12.0명과 비교하면 5배에 가깝다("인구절벽 3", 연합뉴스 2016.7.9.). 문제는 아래 그림에서 보듯 노인들의 자살이유 중 70%를 차지하는 가장 큰 이유가 경제적 빈곤과 신체적 질병으로 인한 것이라는 점이다(김경미 2012).

2007년 3,541명의 65세 이상 노인이 자살한 것으로 알려졌고 그 숫자는 매년 수백 명씩 증가하고 있는 것으로 추정된다. 매년 수천 명의 노인이 가장 기본적인 사회안전망의 부족으로 죽어가고 있는 것이다(김정진 외 2008). 국무총리실에 따르면 아래 〈그림 2〉에서 보듯 최근 수년간 우리나라의

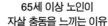

**65세 이상 노인이
자살 충동을 느끼는 이유**

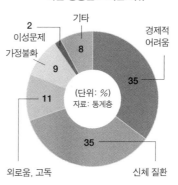

기타

2
이성문제
가정불화

8

경제적
어려움

9

35

(단위: %)
자료: 통계층

11

35

외로움, 고독

신체 질환

그림 1 노인 자살 이유

'07~'11년 전쟁 사망자(민간인+연합군) 수 vs. 우리나라 자살 사망자 수

그림 2 전쟁사망자와 우리나라 자살 사망자 비교

2000년 이후 자살증가는 노인자살의 증가

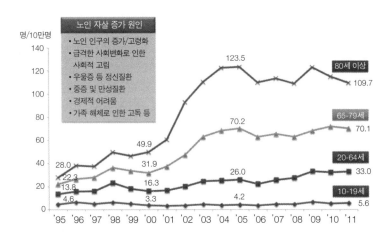

그림 3 노인 자살 증가 추이

자살 인구는 미국이 이라크와 아프카니스탄에서 전쟁 수행 중에 사망한 수보다 많은 것으로 보고되었다. 그런데 이러한 우리나라의 자살 수 증가는 2000년 이래 급속한 노령인구의 증가와 이들의 자살 인구 증가가 주원인을 이룬다는 것이다. 또한 〈그림 3〉에서 보이듯 안 그래도 높은 우리나라의 노인 자살률은 연령이 높은 70대와 80대로 갈수록 더욱 급속히 증가하는 모습을 보인다(국무총리실 2012).

한국보건사회연구원의 보고서에 의하면 농촌 지역의 노령화는 전국 평균보다 훨씬 급속하게 진행될 것으로 전망된다. 중간 전망에 의하면 읍지역 노인인구의 비율은 2013년 14%, 2028년 23%, 2053년 40%로 급격하게 증가할 전망이다. 면지역 노인인구의 비율은 2013년 26%에서 2028년 40%, 2053년 61%로 급격하게 증가할 전망이다. 농촌인구의 급격한 고령화는 사회 전반에 영향을 미칠 수 있겠지만, 특히 노인관련 보건·복지부문 비용 증가로 이어질 가능성이 있다. 농촌에 거주하는 노인들은 도시 노인에 비해 연령이 높으며 독거 비율이 높고, 소득이 낮으며, 교육수준이 낮다. 즉, 농촌인구 중 홀로 사는 후기고령인구의 증가로 인하여 질환 발병 시 생활 자체가 어려운 상황이 증가할 것이다. 대부분의 의료시설이 도시나 도시 근교 농촌지역에 집중되어 있어 이동성이 낮은 농촌 노인인구는 적절한 시기에 치료를 받을 수 없을 것이다. 농촌 독거노인은 지역 사회적 지지기반 약화로 우울감 등 정신적·심리적 문제로 인한 심각한 삶의 질 저하 문제가 대두될 가능성이 높다는 것이다(이삼식·최효원 편저 2014, 327-343).

저출산·고령화로 인한 경제성장 저하와 각종 사회복지 비용의 증대는 결국 국가 재정에 큰 압박과 부담을 가중시킬 것이다. 가장 큰 문제는 국민연금과 건강보험이다. 보험료를 내는 사람은 줄지만, 연금과 건강보험 혜택을 받는 사람은 늘어나기 때문이다. 사회보험·연금보험료를 납부할 인구는 감소하고, 수혜 인구는 늘어나면서 국민연금 기금의 경우 현 상태로 지속하면 2043년 최대치로 증가했다가 2044년부터 적자로 돌아서고 2060년에는 소진할 것으로 예상된다. 건강보험은 2025년 고갈될 예정이다. 건강보험심사평가원이 발표한 자료에 따르면 2015년 상반기 65세 이상 노인 건강보험 진료비는 10조 원을 넘어섰다. 반기 기준으로 노인 건보 진료비가 10조 원을 넘은 것은 이번이 처음이다. 그 결과 정부지출 증가로 재정건전성도 빠르게 악화돼 일본처럼 부채국가로 전락할 수도 있다(나원식 2015).

다. 북핵 및 동북아 군비경쟁과 국방안보

한국의 사회복지(안보)가 급속한 저출산과 이에 따른 고령화의 내적인 문제를 안고 있다면, 오늘날 한국의 국가안보는 세 가지 외적인 도전에 직면하고 있다. 첫째는 지속적인 북한의 재래식 군사위협에 가중된 대량살상무기 및 체제불안 위협이다. 북한은 열악한 경제상황에도 불구하고 국내 총생산의 20%가 넘는 재원을 군력 증강에 쏟아 붓고 있으며 김정은 집권 이후에는 특히 핵, 미사일 등의 비대칭 전력 개발에 주력하고 있다. 군사적 위협을 차치하더라도 북한의 잦아지는 무력 도발과 증가하는 불안정성은 한반도에서 언제라도 군사위기가 발발할 가능성을 제시한다. 현재 김정은 체제가 어느 정도 공고화되고 있는 것으로 보이지만 만약 미북 비핵화 협상이 결렬되고 군사적 긴장이 고조되면 북한 내부의 상황도 매우 불안해질 수 있다. 특히 김정은 정권 세습 이후 북한은 전략적 공격능력을 보강하기 위해 핵, 탄도미사일, 화생방 무기를 지속적으로 개발하고 있다. 1980년대 영변 핵시설의 5MWe 원자로를 가동한 후 폐연료봉 재처리를 통해 핵물질을 확보하였고, 이후 2006년 10월부터 2017년 9월까지 총 6차례의 핵실험을 감행하였다. 북한은 수차례의 폐연료봉 재처리 과정을 통해 핵무기를 만들 수 있는 플루토늄을 50여 kg 보유하고 있는 것으로 추정되며, 고농축 우라늄 (HEU)도 상당량을 보유한 것으로 평가된다. 또한 핵무기 소형화 능력도 상당한 수준에 이른 것으로 보인다. 한편 1970년대부터 탄도미사일 개발에 착수하여 1980년대 중반 사거리 300km의 스커드-B와 500km의 스커드-C를 배치하였으며, 1990년대 후반에는 사거리 1,300km의 노동 미사일을 배치하였고, 그 후 스커드 미사일의 사거리를 연장한 스커드-ER을 배치하였다. 2007년에는 사거리 3,000km 이상의 무수단 미사일을 시험발사 없이 배치하여 한반도를 포함한 주변국에 대한 직접적인 타격능력을 보유하게 되었다. 북한이 현재 개발 또는 보유 중인 탄도미사일 종류는 〈그림 4〉와 같다.

이러한 가운데 북한은 최근 미국 본토를 공격할 수 있는 대륙간 탄도탄 개발에 주력하는 모습을 보였다. 북한은 작전배치되었거나 개

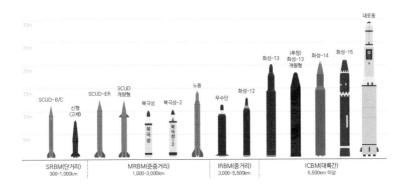

그림 4 북한 탄도미사일

출처: 대한민국 국방부(2018), p. 26.

발 중인 미사일에 대한 시험발사를 2012년부터 본격적으로 시작하였으며, 2017년에는 북극성-2형, 화성-12/14/15형 미사일 등을 시험발사하였다. 특히 2017년 5월과 8월, 9월에는 화성-12형을 북태평양으로 발사하였으며, 7월과 11월에는 미국 본토를 위협할 수 있는 화성-14형과 15형을 시험발사하였다. 이러한 북한의 핵과 미사일 개발은 미국과의 군사적 긴장을 강화하며 한반도의 상황을 언제라도 위기로 몰아갈 잠재적 요인으로 평가된다. 이러한 가운데 어떠한 계기로든 북한의 급변사태가 발생한다면 사태 수습을 위해 상당한 규모의 인력과 자원이 투입되어야 할 것이다. 이와 관련하여 랜드(RAND)연구소의 부르스 베넷 박사와 다트머스대의 제니퍼 린드 교수는 북한 급변사태 발생 시 안정화작전, WMD 확보, 국경관리 등 주요 군사적 임무 수행을 위해 최소 26만~40만 명의 병력이 필요하다는 주장을 한 바 있다.[3] 베넷 박사는 북한 급변사태 발생 시 현재 북한군 수준의 10~20% 정도만 투항한다고 하더라도 미국이 이라크에서 겪었던 것 이상의 안보적 혼란을 초래할 것으로 예상했다(Bennet 2013).

둘째는 안보 딜레마와 군비 경쟁의 유인이 되는 동북아의 세력전이 현상이다. 중국의 급격한 성장과 일본의 상대적 침체로 특징지을 수 있는 역내 세력전이 현상은 중국, 일본뿐 아니라 대만, 남중국해 연안의 동남아 국가들과 러시아까지 연루하는 해양, 영토 분쟁으로 점철되고 있다. 지금까지 국내문제 해결에 치중하며 밖으로는 도광양회를 내

3　또한 베넷 박사는 「북한정권 붕괴 가능성에 대한 대비」라는 보고서에서 현재 한국 국방부에서 추진하고 있는 군 인력 감축 계획은 다가올 북한의 급변사태 진압 시 한국군의 주도적 역할행사에 타격을 줄 수 있다고 주장했다. 베넷 박사는 급격하게 진행되는 남한의 인구변화를 고려할 때 북한 급변사태에 수반되는 군사적, 경제적 여파에 대비하기 위해서는 남한의 군력을 더 효과적으로 활용할 수 있는 방안이 절실히 필요함을 역설하였다(Bennet and Lind 2011).

세우며 낮은 자세를 견지하던 중국은 시진핑 정부에서 자신의 목소리
와 이해관계를 적극적으로 주장하는 모습을 보여왔다. 여기에는 1980
년대 네덜란드보다 작은 경제 규모로 명목상 미국 경제의 7%에 불과
하고, 수출은 7%에 불과하던 중국이 오늘날 명목상 총생산은 미국의
60% 이상, 실질 총생산은 101%, 수출은 106%에 이르며 외화 보유액
은 미국의 28배에 이르는 현실을 반영한다(Allison 2015). 2012년 주
석직 취임 이후 오바마 대통령과의 첫 만남에서 상호이해와 존중을 바
탕으로 미국과 협력적인 관계를 주창하며 "신형대국관계"를 내세우던
시진핑은 2017년 19차 당대회를 통해 자신의 권력 기반을 대폭 강화
한 2기 정부를 출범하면서 중국이 주도하는 "신형국제관계"를 세워나
갈 것을 제시한다. 동시에 일찍이 제시한 "중국몽"의 중요한 부분으로
"전쟁에서 싸워 이길 수 있는 군대" 건설을 강조하며 "강군몽"을 제시
한다. 이를 위해 이미 진행되어온 국방개혁을 가속화하여 2035년까지
국방군대 현대화를 달성하고, 2050년까지 세계 최고 수준의 군사력 건

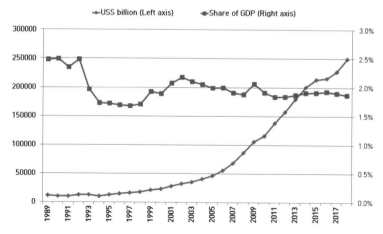

그림 5 중국 국방비 추이

출처: SIPRI Year Book 2018.

설을 목표로 설정하였다(Xi 2017).

이를 뒷받침하기 위해 중국은 지난 수십 년간 두 자릿수 이상의 국방비 증가를 꾸준히 이어왔다. 〈그림 5〉에서 보듯이 중국의 비약적인 경제성장은 중국의 국방비가 경제에서 차지하는 비중이 상대적으로 줄어드는 모습에도 불구하고 그 절대액수는 2000년대 들어 가파르게 상승하는 모습을 보여준다.

특히 중국은 2015년부터 군에 대한 강력한 통제를 구축한 시진핑 주석의 주도하에 1950년 이래 가장 야심찬 국방개혁을 시행해 오고 있다. 여기에는 기계화/정보화를 위한 30만 감군, 합동성 강화, 지역성과 부정부패 청산을 위한 군구현대화, 중앙의 통제를 강화한 지휘구조 개편, 육군 중심에서 육해공과 전략군, 사이버, 우주 부문의 신설 등이 포함된다. 특히 창군 이래 지금까지 국내 안정화와 외부의 침략에 대한 본토방어 두 가지에 주어진 중국군의 임무에서 벗어나 대만사태를 위시하여 아태지역에서 중국의 핵심이해 사안에 대한 미국을 위시한 외부세력의 간섭 거부와 걸프전 당시 미국이 보여준 정밀타격무기와 같은 2차 상쇄전략의 군사기술을 활용한 현대전에서의 승리라는 새로운 임무로의 전환이 그 배경이 되었다. 앞으로 중국의 꾸준한 경제성장이 지속될 경우 2020-2030년경에는 경제 규모에 있어서는 중국이 미국을 추월할 것이라는 예측과 최근 일본의 적극적인 집단적 자위권 추진 및 헌법 재해석 움직임 등을 고려할 때 세력전이로 인한 동북아 안보의 불안정성이 더욱 더 가중될 것이다.

셋째, 한반도 주변 정세의 변화와 더불어 한미동맹 역시 근본적인 전환의 기로에 서 있다. 2000년대 초부터 한국전쟁 이후 한미동맹의 근간이 된 한미연합방위체제의 변화를 가져올 전시작전권 환수가 양국 정부에 의해 논의되기 시작했다. 미국은 그동안 미군 주도로 한국방위 임무가 수행되어온 동맹 구조의 개혁을 원한다. 특히 탈냉전 이후 공산권 위협의 소멸과 세계정세의 안정은 한반도에 과도하게 집중된 미국의 군 자산을 축소할 필요성을 제기하였다. 미국 행정부는 동북아 안보전략을 추구함에 있어 지속적으로 주한미군의 감축과 역할 축소를 추진하여 왔으며, 경제발전을 통해 비약적으로 성장한 한국군이 한반도 방위의 주도적 역할을 맡을 것을 종용해 왔다.[4] 특히 2017년 새로이 들어선 트럼프 행정부가 일본과 더불어 한국의 방위비 분담을 문제 삼으며 주한미군 주둔의 필요성에 근본적인 문제제기를 하면서 전시작전권 이양도 새로운 동력을 얻었다.

2017년 5월에 새로이 들어선 문재인 정부는 6월 트럼프 대통령과의 첫 한미 정상회담에서 기존에 합의한 전시작전통제권 전환을 보다 가속화할 수 있도록 동맹 차원의 협력을 지속해 나가기로 합의한다. 2018년 10월 31일 개최된 제50차 한미안보협의회의(SCM)를 통해 한미 국방장관은 전시작전통제권 전환 이후에도 현재의 연합사와 유사한 체제를 지속 유지하면서 한국군이 연합군사령관 임무를 수행하도록 하고, 주한미군의 주둔과 유엔사 및 미국의 확장억제정책을 지속 유지하는 데 합의함으로써 전시작전통제권 조기 전환의 여건을 마련한다. 한미는 2019년도에 우리 군 주도의 연합방위체제에 대한 기본운용능력(IOC5) 평가를 시행하고, 전시작전통제권 전환에 필요한 조건을 조기에 충족시키기 위해 긴밀히 협력해 나가기로 하였다. 전시작전통제권 전환 이후에는 현재의 '미군 사령관, 한국군 부사령관' 체계에서

---

4   1991년에 발행된 미국 국가안보전략(Bush 1991) 문서에서 처음으로 한국의 주도적 역할에 대해 언급되었으며, 미국의 아시아 개입을 강조한 1995년 아태지역 안보전략 문서 (일명 Nye Report)에서도 한국이 "지원"에서 "주도"의 역할로 전환해야 함을 강조하였다(Perry 1995).

'한국군 사령관, 미군 부사령관' 체계로 변경될 예정이다.

　미국의 안보전략 전환과 경제 침체, 그리고 한국의 위상 변화에 따라 추진되고 있는 전시작전권 환수는 그 자체만으로도 한국의 국방에 근본적인 사고의 전환을 요구하는 중요한 도전이다. 작전권 전환을 통한 자주국방을 실현은 군 구조나 제도, 작전계획, 한미연합군사체제, 병력과 무기체계 개발의 우선순위 등 국방의 거의 모든 영역에 있어 근본적인 개혁이 필요한 거대한 변환이다. 전작전 전환이 지속적으로 재연기된 연유도 바로 그 때문이다. 재연기가 우리의 안보부담 경감을 의미하지는 않는다. 문제는 증가하는 안보환경의 위협요소와 함께 우리의 국방 책임은 더욱 무거워진다는 현실이다. 요컨대 킬체인 도입은 단순한 요격미사일 도입에 그치는 것이 아니라 효과적인 운용에 필수적인 최첨단 감시·통제·지휘·타격 시스템 구축을 요구하며, 이는 필요한 국방재원이 지속적으로 보장되어야만 가능하다. 이와 같은 현실은 우리 군에게 더욱 많은 개혁 노력과 철저한 대비태세를 요구한다. 이는 앞으로 다가올 다양한 안보적 상황에 대응할 수 있는 군 인력 확보뿐 아니라 군 체제, 기술, 구조 등의 개선을 포함한다. 그러나 한국이 겪고 있는 또 하나의 현상인 초저출산·초고령화는 이와 상반되는 축소형 군 개편을 요구하고 있어 앞으로 이 두 가지 요구의 충돌이 예상된다.

　정부는 2000년대 변화하는 국내외 안보상황과 군내의 구조개혁에 대한 요구를 반영키 위한 장기적인 국방개혁을 추진해 왔다. 국방개혁은 정보과학기술을 토대로 군의 능률성과 효율성을 강화해가는 지속적이고 필연적인 과정이지만, 공식적으로 "국방개혁"이라는 타이틀을 내걸고 체계적으로 추진되기 시작한 것은 2005년부터이다. 당시 노무현 정부는 '병력 위주의 양적이고 재래적인 군 구조'에서 '정보·지식·

기술이 집약된 질적인 군사력 구조'로 전환하는 목표로『국방개혁 기본계획 2006~2020(국방개혁 2020)』을 공표하였다. 동시에 국방개혁을 법적·제도적으로 뒷받침하기 위하여 기술집약적 미래 군 구조 개편을 통해 국방인력을 효율적으로 운용하는 것을 골자로 하는「국방개혁기본법」을 의결하였다.[5] 「국방개혁기본법」은 국방개혁 기본계획 수립 이후 매 5년의 중간 및 기간 만료 시점(2.5년 단위)에 기존계획을 보완하도록 규정하였다. 이에 따라 국내외 안보정세 및 국방개혁 추진 실적에 대한 분석 및 평가를 반영하여, 국방개혁 기본계획은 지금까지 3차례(2009년 6월, 2012년 8월, 2014년 3월)에 걸쳐 발전적으로 보완되어왔다.[6]

2017년 5월 출범한 문재인 정부는 노무현 정부의 2005년 국방개혁 2020을 계승한 '국방개혁 2.0'을 발표하고 추진한다. 현 정부의 국방개혁은 노무현 정부의 "『국방개혁 2020』의 정신과 기조를 계승하고, 그 법적 기반에 토대를 두되, 개혁 추진의 지연과 잦은 변경으로 인해 약화된 개혁의 추진동력을 극복"하고자 하는 노력을 통해『국방개혁 2.0』은 전환기의 안보상황과 제한된 정책여건 속에서 평화롭고 강한 대한민국을 뒷받침할 수 있는 "강한 군대, 책임국방의 구현"을 기본목표로 설정하였다. 이를 구현하기 위해 구체적으로 국방개혁의 3대 목표를 '전방위 안보위협 대응', '첨단과학기술 기반의 정예화', 그리고

5　국방개혁기본법」의 정식 명칭은「국방개혁에 관한 법률(법률 제8097호)」이다. 이 법안은 국방개혁위원회의 구성 및 기능, 문민 기반의 확대와 국방인력 운용구조 발전, 군 구조 개편과 전력체계의 균형발전, 병영문화 개선 및 발전에 대한 내용들을 담고 있다. 한편 국방개혁 추진에 대한 규정은 국방부 훈령 제853호(2008년 1월 10일 제정)로 제정되었다.

6　「국방개혁에 관한 법률」 제5조 3항은 국방부장관으로 하여금 매 5년의 중간 및 기간 만료 시점에 한미동맹의 발전, 남북 군사관계 변화 추이 등 국내외 안보정세 및 국방개혁 추진 실적을 분석·평가하여 '국방개혁 기본계획'에 반영토록 명시하고 있다.

'선진화된 국가에 걸맞은 군대 육성'에 두었다.

첫째, 전방위 안보위협 대응은 한국이 당면한 북한의 현존 위협은 물론 잠재위협과 비군사 위협 등 다변화된 군사위협과 불확실성에 대응할 수 있는 우리 주도의 전방위 안보위협 대응 능력을 구비하는 것으로 한반도에서 벌어질 미래의 전쟁에 관한 대비로 해석된다. 둘째, 이를 위한 우리 군의 하드파워인 군 구조와 방위사업 부문은 4차산업과 ICT 등 첨단과학기술에 기반한 정예화된 부대 및 전력구조로 개편하고 이를 뒷받침하는 방위산업의 경쟁력을 획기적으로 발전시켜야 한다고 제시한다. 이는 곧 4차 산업혁명으로 인한 미래의 전쟁에 대비하는 것으로 이해된다. 셋째 국방운영과 병영문화 분야에서 선진화된 국가에 걸맞은 수준이 요구됨에 따라 국민과 소통하는 개방형 국방운영, 민군 융합의 효율적 국방인력 운영, 사회발전에 부합하는 인권·복지 구현 등을 중점 추진할 것이 제시되었다.[7]

특히 국방개혁 2.0의 군 인력 구조와 관련한 계획은 전시작전권 전환을 위한 능력을 조기에 확보하는 것을 핵심과제로 삼았다. 이를 위해 전방의 육군 1, 3 야전군 사령부를 통합하여 지상작전사령부를 창설하고 현재 61만 8,000여 명인 상비병력을 육군에서 11만 8,000명을 감축하여 2022년까지 50만 명 수준으로 조정할 방침이다. 현재 우리 군은 2005년 말 68.2만 명에서 2018년 말 59.9만 명으로 8.3만 명 감축하였고, 부사관을 2005년 말 9.7만 명에서 2018년 말 12.7만 명으로 3만 명 증원하였다. 〈그림 6〉에서 보듯이 대부분의 병력 감축은 육군

---

7 대한민국 국방부. "보도자료: 국방개혁 2.0, 강한군대 책임국방 구현." http://www.mnd. go.kr/user/newsInUserRecord.action?siteId=mnd&page=1&newsId=I_669&newsSeq=I_11131&command=view&id=mnd_020500000000&findStartDate=2018-07-26&findEndDate=2018-07-28&findType=title&findWord=&findOrganSeq= (검색일: 2018. 7. 27).

을 중심으로 이루어지며 17만 7,000명을 단계적으로 감축할 계획이다. 이를 위해 10개 군단 중 4개를 감소하여 6개 군단으로, 47개 사단은 20여 개로 대폭 줄일 예정이다. 이와 함께 민간인력 비중을 현재 5%에서 10%까지 확충할 예정이다. 육군의 병력 감축과 연계하여 부대구조를 축소 개편하되 사이버 대응능력을 높이고 드론봇 전투체계와 워리어 플랫폼을 도입하는 등 4차 산업혁명 기술에 기반한 병력절감형 부대구조로 발전시킨다는 복안이다. 상비병력 감축 계획은 〈그림 6〉과 같다.

부대와 병력의 감축은 장군 인원 감축으로 이어져 2022년까지 현재 436명의 장군 정원을 360명으로 76명 감축할 예정이다. 이 중 육군이 66명, 해공군이 각각 5명씩 감축된다. 이와 함께 한국형 미사일 방어체계 지속 추진, 여군 비중 8.8%로 확대, 병장 봉급 67만 6천 원으로 인상, 병 복무기간 3개월 단축, 영창제도 폐지, 방산진흥원 신설 등이 제시되었다. 이를 위해 필요한 재원으로 국방부는 2019년 국방예산으로 2018년 대비 8.6% 증가된 46조 9000억 원을 요구하였고 2019–2023 5년간 국방개혁에 필요한 예산을 약 270조 7000억 원으로 추산했다(이주형 2018). 〈표 2〉는 노무현 정부 이래 이명박, 박근혜 정부를 거쳐 현 문재인 정부까지 진행되어온 국방개혁의 인력 감축을 요약하여 보여준다.

구 분	상비병력			구 분	상비병력
육 군	46.4만여 명			육 군	36.5만여 명
해 군 (해병대)	7.0만여 명 (2.9만여 명)			해 군 (해병대)	7.0만여 명 (2.9만여 명)
공 군	6.5만여 명			공 군	6.5만여 명

2018년 2025년

59.9만여 명　50만여 명

그림 6 국방개혁 2.0의 상비병력 감축계획

출처: 대한민국 국방부(2018), p. 87.

표 2 국방개혁 요약(병력 분야)

계획	병력구조 개혁의 내용
1차 국방개혁 2006~2020	목표 병력 50만 명 (2005년 기준: 68만 1천여 명)
2차 국방개혁 2009~2020	목표 병력 51.7만
3차 국방개혁 2012~2030	목표 총병력 52.2만(안보위협 고려) - 육군 38.7만 - 해군 4.1만 - 해병대 2.9만 - 공군 6.5만
4차 국방개혁 2014~2030	목표 병력 52.2만 - 간부비율 29.5% → 42.5% 　(장교 7만 1천 → 7만, 부사관 11만 6천 → 15만 2천)
5차 국방개혁 (국방개혁 2.0)	2022년 목표 병력 50만 - 병 위주 9.9만 감소 - 비전투부대 민간인력 증가(3.4만 → 5만) - 여군 단계적 확대(1,098명 → 2,250명) - 복무기간 단축(육군 21→18개월, 해군 23→20개월, 공군 24→22개월)

출처: 신성호(2014).

　우리 군은 2006년 국방개혁 추진 이후 8.3만 명의 상비병력을 감축하고, 숙련도와 전문성이 요구되는 직위에 부사관 위주의 간부증원을 추진해 왔다. 그러나 청년 인구 감소 및 중장기적인 청년실업률 감소 전망에 따라 향후 군 간부 획득에 어려움이 예상된다. 또한 상비병력 감축 및 병 복무기간 단축에 따른 전투력 손실을 방지할 대책 마련이 필요하다. 따라서 국방부는 기존의 간부증원 중심의 병력구조 개편계획을 군인, 군무원, 민간 근로자를 총 국방인력 개념으로 설계하고 이를 효율적으로 재배치하는『국방인력구조 개편계획』으로 전환하여 추진할 예정이다.

　국방인력구조 개편의 주요 방향은 다음과 같다. 첫째,『국방개혁

2.0』에 따른 부대구조와 병력 규모에 맞게 2022년을 목표연도로 군별·신분별·계급별 정원을 재설계한다. 둘째, 비전투 분야는 군무원 등 민간인력으로 전환하고, 군인은 작전 및 전투 중심으로 배치한다. 셋째, 초임 간부 획득 전망, 최첨단 장비 운용, 숙련된 전투력 확보 필요성 등을 고려하여 장교 및 부사관의 계급구조를 피라미드형에서 항아리형으로 개편한다. 현재의 장교 및 부사관 계급구조는 하위 계급의 정원 구성비가 과다한 '대량획득-단기활용'의 비효율적인 구조로 되어 있다. 따라서 하위계급을 줄이고, 중간계급을 늘려 '소수획득-장기활용'이 가능한 항아리형 계급구조로 전환할 계획이다.

국방부는 상비병력 감축에 따른 전투력 손실을 방지하기 위하여 상비병력 대비 민간인력 비중을 현재 5%에서 10% 수준으로 대폭 확대할 계획이다. 비전투 분야는 작전 및 총기·탄약 취급 등 군인이 직접 수행해야 할 전투·지휘통제 직위를 제외하고 그 밖의 직위는 민간인력으로 대체할 계획이다. 비전투 분야에서 정비, 예산 편성 등 업무의 연속성 및 전문성이 필요한 직위는 군무원으로 대체하고, 전산, 시설관리, 어학 등 민간의 전문성 활용이 용이한 분야는 민간 근로자로 대체할 것이다. 민간인력으로 전환되는 직위 중 일부는 군사적 전문성 및 기술을 갖춘 예비역을 활용할 계획이다.

국방개혁 2.0 추진으로 병력구조가 간부 중심으로 정예화되고 첨단 무기체계 도입에 따라 이를 운용할 우수 간부의 필요성이 증가하고 있다. 반면 향후 병역자원이 감소하고 청년 취업률이 개선되면 장교나 부사관 복무를 희망하는 사람이 줄어들어 우수한 간부 인력 확보는 어려워질 전망이다. 이에 군은 인재들을 유치할 수 있도록 장기복무 간부를 확대하여 직업성을 강화하고 있다. 간부의 정원구조를 중·소위와 하사를 줄여 초임 획득 규모는 줄이는 대신 직업군인으로 장기복무하는 간부를 늘려서 '소수획득-장기활용'의 인력운영체계로 단계적으로 개선해 나갈 것을 계획하고 있다.

국방개혁 2.0의 또 다른 중요한 골자는 기존 일반 병사의 복무기간을 21개월에서 18개월로 단축하는 것이다. 국방부는 군을 기술집약형 강군으로 정예화하고 청년들의 병역의무에 대한 부담을 완화하기 위하여 2018년 10월 1일부터 병 복무기간 단축을 시행하고 있다. 육군과 해병대는 21개월에서 18개월, 해군은 23개월에서 20개월, 공군은 24개월에서 22개월로 단축되며, 공군의 경우 추후 병역법 개정으로 1개월 추가 단축을 추진할 예정이다. 병 복무기간 단축에 따른 전력 저하를 방지하기 위해 현대전에 맞는 첨단전력을 증강하고, 숙련도가 필요한 직위는 부사관으로 대체하는 등 간부 중심의 인력구조로 개편할 계획이다. 또한 신병 교육훈련체계를 개선하고 과학화 훈련을 통해 병 숙련도를 조기에 향상시킬 수 있도록 실전적 교육훈련을 강화하는 동시에 병사들이 군 복무 중에는 전투임무에만 전념할 수 있도록 비전투임무를 최소화해 나갈 예정이다.

라. 사회복지비와 국방비 수요변화

국방개혁 기본 취지는 불안한 동북아 안보환경에 대처하기 위해 감소하는 병력을 보완할 간부의 비율을 대폭 늘리고 첨단무기를 도입하여 인원 감축으로 인한 국방력 감소를 막겠다는 것이다. 그러나 부사관, 장교와 같은 간부는 일반 병사에 비해서 많은 인력 유지비용을 필요로 하기 때문에 이는 필수적으로 국방예산의 증가를 수반한다. 지난 5년간 국내총생산(GDP) 및 정부 재정에서 국방비가 차지하는 비율은 큰

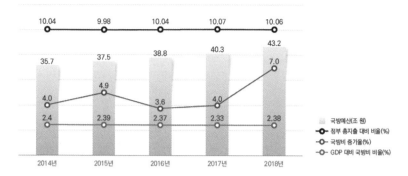

그림 7 GDP 대비 국방비 추이

출처: 대한민국 국방부(2018), p. 113.

변동 없이 유지되고 있다. 2018년 국방비는 국내총생산 대비 2.38%, 정부 총지출 대비 10.06% 수준이다. 이는 이전 10년간의 총생산 대비 평균 2.5%와 정부 재정 대비 15%에 비해 낮아진 수치로 국방비의 절대액수 증가에도 불구하고 한국 경제 및 정부예산의 증가치가 이를 상회한 결과로 분석된다. 최근 5년간 국방예산 추이는 〈그림 7〉과 같다.

〈표 3〉에서와 같이 국방비는 크게 전력운영비와 방위력 개선비로 구분된다. 방위력 개선비는 무기획득 및 연구개발 비용을 포함한다. 전력운영비는 다시 병력운영비와 전력유지비로 나뉘는데, 병력운영비는 인건비와 급식 및 피복에 사용되는 비용이고 전력유지비는 부대 운영, 장비·시설 정비 및 유지, 교육훈련, 보건복지에 드는 비용이다. 2018년도 국방예산의 경우, 국방비 총액은 43조 1천억 원에 달하는데, 그 중 전력운영비에는 총 29조 6천억 원이 할당되어 전체 예산의 68%를 차지한다. 이 중 군장병의 인건비와 급식에 주로 사용되는 병력운영비는 18조 4천억 원으로 전력운영비의 62%, 전체 국방비의 42%를 차지하고 있다.

표 3 2018년도 일반회계 국방예산 규모 및 배분 현황

(단위: 억 원)

구분		2018년 예산(A)	2019년 예산(B)	증감(B-A)	증가율
국방비 계		43조 1,581	46조 6,971	3조 5,390	8.2
전력운영비	소계	29조 6,378	31조 3,238	1조 6,860	5.7
	병력운영비	18조 4,009	18조 7,759	3,750	2.0
	전력유지비	11조 2,369	12조 5,479	1조 3,110	11.7
방위력개선비		13조 5,203	15조 3,733	1조 8,530	13.7

출처: 대한민국 국방부(2018). p. 115.

그런데 전체 국방비의 42%를 차지하는 병력운영비, 즉 인건비의 내용을 살펴보면 절대다수인 일반 병사에 비해 장교와 부사관의 인건비가 훨씬 높다. 이는 정부가 추구하는 장교와 부사관 군인 증원을 통한 국방인력 감축계획이 많은 재정의 확대를 수반해야 하는 것을 의미한다. 〈표 4〉에 드러난 2019년 정부가 제시한 국방예산의 군 인건비 내용을 보면 이러한 사실이 확연히 드러난다.

〈표 4〉에 따르면 군의 인건비가 계급별로 그 격차가 매우 크다. 일반 병사는 약 839만 명으로 전체 60만 병력의 65.5%를 차지할 정도로 군의 주축을 이룬다. 하지만 보수로 보면 사병이 군 인건비의 14.7%를 차지하는 데 그친다. 병 1인당 월 인건비 36만 원은 장교의 1인당

표 4 2019년 국방예산의 군인 인건비 내역

신분	장교	부사관	병	합계
인건비(억 원)	43,271(37.6)	54,788(47.6)	16,920(14.7)	114,979(100%)
정원(명)	75,574(12.7)	129,929(21.8)	389,679(65.5)	595,181(100%)
1인 연인건비(만 원)	5,726(월477)	4,217(월351)	434(월36)	1,932(월161)

출처: 오마이뉴스(2018).

인건비 월 477만 원의 13.25%, 부사관의 1인당 인건비 월 351만 원의 9.75%에 그친다. 이는 거꾸로 말하면 장교나 부사관의 인원수를 늘리면 사병의 10배에 해당하는 인건비 증가요인이 된다는 것이다.

그러나 30만 명 모병제로의 전환에는 또 다른 문제가 따른다. 과연 30만 명의 자원자를 충당할 수 있을 것인가의 문제이다. 세계 최강의 모병제 국가이며 가장 군인에 대한 대우와 인식이 좋은 미국의 경우 군 지원율은 세계에서 가장 높은 5.4%에 달한다. 미국은 모병제인데도 20명 중 1명의 청년이 자발적으로 군에 갈 만큼 대우가 좋다. 그러나 프랑스, 영국, 일본의 청년층의 군 지원율은 고작 2.1~2.4%에 불과하다. 현재 한국의 직업군인 지원율은 4.5%가량으로 높은 편이다. 그러나 전 청장년이 징집대상인 상태에서 병사보다는 간부를 선호하는 경향이 높게 나타나는 경향을 반영한다.

문제는 현재 한국에서 모병제를 한다고 했을 때 미국만큼의 지원율이 있어도 현재 한국의 청장년 인구 300만 명을 가정하면 군에 자원할 인원이 16만 명이 나온다. 미국보다 높은 6.6%, 9.9%일 경우 각각 20만 명과 30만 명을 유지할 수 있다. 공군을 6만 8,000명으로 해군은 해병대가 5,000명 수준으로 감축됐다고 가정하고 4만 5,000명으로 감안 시 공군, 해군만 11만 3,000명이다. 육군을 대폭 감축하여 나머지 18만 명으로 유지하여 30만 명 모병제를 달성코자 한다면 9.9%의 지원이 있어야 18만 7,000명을 확보할 수 있다. 그러나 현실적으로 한국에서 직업 군인에 대한 위상이 미국을 넘기 힘든 상황에서 미국 수준의 지원율을 달성하더라도 육군 4만 7,000명으로 이 숫자는 필요한 18만 명에 턱없이 모자라게 된다는 것이다.

더욱이 요즘 젊은 세대의 군대 기피 현상은 모병제에 대한 전망을 더욱 어둡게 한다. 문재인 정부의 국방개혁 2.0은 기존의 21개월에서

18개월로 줄어든 일반 병사의 복무기간을 보완하고자 대신 부사관을 늘리려고 한다. 그러나 현실은 녹록하지 않다. 현재 대한민국의 하사 충원율은 79%에 불과하다. 게다가 장교 과반수를 충원하는 ROTC도 미달이 나고 있다. 한국만 그런 것은 아니다. 일본은 우리 인구의 두 배 반이 넘는 1억 3천만 명의 인구로 현 25만 명인 자위대 정원의 1만 명 넘는 인원이 미달이다. 2016년의 경우 목표의 59%밖에 충원하지 못했다. 독일도 마찬가지다. 독일은 인구가 8천 200만 명에 달하지만 독일 연방군의 정원 18만 명 중 현재원은 17만 명 남짓이다. 청년들이 모두 군을 기피하여 분기당 600명 남짓 지원하기 때문이다. 심지어 미국도 경기호황으로 현재 지원 부족을 겪고 있다. 따라서 섣부른 모병제로의 전환은 비용의 증가 문제뿐 아니라 실제 군 인력 수급에서 더욱 큰 문제를 초래할 수 있다.

대만의 경우 우리와 사정이 비슷한 가운데 모병제로의 전환을 어렵게 추진하고 있다. 2008년 대만 정부는 '작지만 강한 군대' 전략의 군사개혁에 따라 이전부터 시범적으로 실시해오던 모병제를 지속적으로 확대하여 2014년까지 의무병제를 폐지하고 2015년부터 완전 모병제로 전환하겠다는 계획을 발표하였다. 이를 위해 2008년 당시 27만 5,000명 규모에 달하는 대만군의 병력을 국방비로 부담할 수 있는 20~25만 명선으로 감축하는 방안을 제시하였다(한겨레 2008. 7. 2.). 당시 대만의 국방부는 징병제에서 모병제로 전환할 경우 비용 상승이 야기되지만 우려할 수준은 아니라고 전망하였으며, 비용 상승이 발생하더라도 국회 입법원의 비준을 통해 해결할 수 있을 것으로 보았다.[8]

---

8   대만 외교부. "2015년 대만은 징병제에서 모병제로." 2009년 7월 17일. 대만 국방부는 국방예산이 GDP의 3%를 초과하지 못하도록 하는 것이 이상적이기 때문에, 비용 상승이 야기될 경우 국방 예산 중 병력 개인당 지출 비율을 40%에서 45%로 인상하여 문제

하지만 2015년부터 모병제로 전환할 예정이던 대만의 계획은 모집인원 미달, 예산의 부족 등으로 인해 어려움을 겪게 된다. 2011년부터 기존 징병제와 함께 부분적으로 모병제를 실시하였는데, 2013년 상반기 신규 직업군인 모집에서 연간 목표치인 2만 8,000명에 절대적으로 못 미치는 462명(전체 소요인원의 1.65%)을 모집하는 데 그쳤다. 결국 대만은 계획보다 3년이 지난 2018년 모병제를 전면 실시하게 된다. 그러나 여전히 인력 수급에 문제가 있고 모병제로 전환함에 따라 봉급이 올라 예산 부담이 1.5배 증가할 것으로 예상하고 있다(이철재·김민석 2017). 10월을 기준으로 대만의 지원병은 15만 3,000명으로 현 편제 인원인 18만 8,000명의 81%에 달하며, 대만 국방부는 2019년 2만 1,000여 명을 추가 모집할 계획이다(이다비 2018).

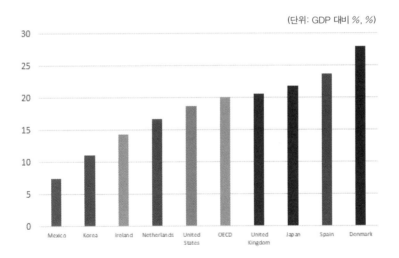

(단위: GDP 대비 %, %)

그림 8 국가별 총사회복지지출 수준 비교

출처: OECD. "Social Expenditure Database (SOCX), 2018."

를 해결하는 구상을 가지고 있었다.

앞서 서술한 바와 같이 병사 인원 감축에 따른 전력 감소를 최소화하기 위해 간부 비율을 확대하고 첨단무기를 도입하는 과정에서 국방예산 증가는 불가피하다. 그런데 이렇게 국방비 증가의 부담을 감당하기에 정부재정은 또 하나의 과제를 안고 있는데 그것은 바로 사회보장비용(복지비)의 증가이다. 2018년 OECD에서 발표한 "Social Expenditure Database (SOCX)"에 따르면 한국의 총사회복지지출 수준은 11.1%로 OECD국가 37개국 중 가장 낮은 수준이며 OECD 평균은 20.1%이다.

최근 5년간 한국의 사회복지지출 증가율은 14%로 OECD국가 중 가장 높은 수준이지만 아직까지 OECD국가 중 최하위권을 벗어나지 못하고 있다. 이러한 국제적인 실정과 나날이 증가하는 한국의 초저출산·초고령화 추세를 우려하여 사회보장지출의 대대적인 확대를 요구하는 목소리가 커지고 있다. 이를 반영해 보건복지부에서는 2014년부터 사회보장위원회에서 '중장기 사회보장 재정추계'를 산출해 앞으로 급격히 증가하는 복지비의 현황을 바로 알고 대비하고자 하고 있다. 2014년 초 열린 제6차 사회보장위원회에서 실시한 '2013~2060 중장기 사회보장 재정추계'에 따르면 향후 급속한 고령화로 인해 현행 제도만 유지하더라도 2060년이 되면 공공사회복지지출이 GDP 대비 29%에 달할 것으로 전망하고 있다. 이는 생산가능인구의 감소로 인해 이미 둔화되고 있는 경제성장률에 사회보장비용 증가로 인한 부담이 가중될 것으로 예상된다.

국방개혁 기본계획(2014~2030)이 적용되는 기간인 2030년까지 GDP 대비 공공사회복지 지출 비율을 현재 9.8%에서 17.9%로 늘리기 위해서는 두 배에 가까운 사회보장비용 증가가 필연적이다. 게다가 장기적으로 2060년까지 총국내생산에서 사회보장비용이 차지하는 비율

을 30% 가까이(28.9%) 끌어올리기 위해서는 향후 50여 년간 국가재정
은 복지 관련 예산의 확보 및 증대라는 막중한 임무를 지고 있음을 의
미한다. 또한 65세 이상 노인인구가 증가하면서 복지제도 개선 및 범
위 확대 등의 요구가 거세게 등장하고 그에 발맞추기 위해서는 〈표 5〉
의 추정치보다 더 많은 예산 소요가 발생함을 예측할 수 있다. 이렇게
초저출산·초고령화 사회로 접어드는 한국 사회의 사회보장비용을 감
당해야 하는 과제를 안고 있는 국가재정에 연평균 5% 이상의 국방비
증가가 과연 적실성 있는 방안일지는 재고해 볼 필요가 있다.

　실제로 현 문재인 정부는 소득주도 성장과 함께 사회안전망 확
대를 정부 정책의 근본 기조로 삼으면서 사회복지비용이 크게 증가
하는 모습을 보이고 있다. 정부가 2018년 발표한 2019년 예산안과
2018~2022년 국가재정운용계획을 보면 2019년 정부 재정지출 470조
5천억 원 가운데 의무지출은 241조 7천억 원, 51.4%로 전망된다. 정부
가 쓰는 돈인 재정지출은 의무지출과 재량지출로 구성되는데 전체 정
부 지출 중 의무지출 비율은 2018년 50.6%를 기록해 사상 처음 50%
를 넘어섰고 2019년 2년 연속 50%대를 기록할 것으로 보인다. 소득주
도성장, 양극화 해소, 사회안전망 확충, 삶의 질 개선 등 사람 중심 경

표 5 2060년까지 총사회보장비용 지출의 추산

(단위: GDP 대비 %, 구성비)

구분	2013년	2020년	2030년	2040년	2050년	2060년
GDP 대비 공공사회복지 지출	9.8	12.9	17.9	22.6	26.6	28.9
일반재정 분야	3.5 (35.4)	3.8 (29.6)	4.6 (25.6)	5.1 (22.5)	5.4 (20.5)	5.7 (19.8)
사회보험 분야	6.3 (64.6)	9.1 (70.4)	13.3 (74.4)	17.5 (77.5)	21.2 (79.5)	23.2 (80.2)

출처: 보건복지부(2014).

제를 표방하는 문재인 정부에서 이미 예견되었다. 의무지출로 볼 수 있는 복지 분야 지출은 문재인 정부 출범 이후 급격히 상승했다. 이명박·박근혜 정부 때 9%(정부안 기준)도 넘지 않았던 복지 분야 예산 증가율은 2018년 문재인 정부 수립 첫 예산에서 12.9%를 기록했다. 2019년에는 12.1% 더 늘어날 전망이다. 2019년 이후에도 의무지출 증가는 계속될 것으로 보인다. 정부 추계를 보면 의무지출은 2018~2022년 연평균 7.8% 증가할 것으로 예상된다. 연평균 증가율 기준으로 같은 기간 재량지출 6.7%, 재정지출 7.3%보다 더 가파르다. 의무지출 비율은 2020년 50.8%로 잠시 숨고르기를 했다가 2021년 51.1%로 늘어나고, 2022년 51.6%에 다다를 것으로 정부는 전망했다(매일경제 2018. 8. 28.).

고령화나 저출산과 같은 인구구조 변화는 의무지출 증가를 더 촉진할 것으로 보인다. 의무지출은 한번 결정되면 되돌리기 어렵다. 의무지출 비율이 높아지면 그만큼 예산을 이용해 정부 정책을 펴나갈 여지가 줄어든다. 선진국 의무지출 비율은 60%대 이상으로 한국보다 높다. 결국 장기적으로 복지 분야의 지출이 높아질 수밖에 없는 구조이다. 이는 국방비를 포함한 다른 분야의 재정지출에 대한 압박으로 다가올 것이다.

마. 결론

21세기 한국은 국내외적으로 극복하기 쉽지 않은 안보적 도전에 직면해 있다. 먼저 외적인 면에서 북한의 지속되는 재래식 및 핵·미사일 위협과 더불어 북한의 체제불안은 여전히 남북관계를 긴장시키고 있다.

여기에 중국의 부상으로 인한 동북아 혹은 아시아 지역 전체의 세력전이는 한반도를 중심으로 일·중 그리고 미·중의 대립을 점진적으로 증대시킬 요인으로 작용한다. 이러한 가운데 한미양국은 안보비용 분담문제와 전시작전권 전환으로 축약되는 양자동맹의 변환을 추진하고있다. 세계정세 및 미국의 국내적 상황과 한국군의 성장에 따라 추진되는 전시작전권 환수는 한국 방위의 한국화라는 필연적 과정이다. 동시에 이는 한국이 이제 한국의 안보와 국방에서 주도적인 임무를 맡는막중한 새로운 책임을 의미한다. 한반도와 동북아의 안보환경의 악화속에 추진되는 한미동맹변환은 우리의 국방에 심각한 도전과 새로운부담을 지운다.

문제는 이러한 외적 도전에 처한 우리의 안보환경이 내적으로는인구 고령화와 저출산으로 인한 경제 및 인적 자원의 축소라는 또 다른 도전에 직면하고 있다는 점이다. 1990년대 이후 둔화되기 시작한 한국의 경제성장은 1997년 아시아 금융위기와 2008년 미국발 금융위기를 거치면서 연 1–3% 수준의 극심한 저성장에 시달리고 있고 국방비증가도 매년 목표치를 밑돌고 있다. 더욱 큰 문제는 한국의 국방예산이장기적으로는 폭증하는 사회복지비용의 추이에 따라 더 이상 증가하지못하거나 오히려 축소되는 압박을 더욱 받게 될 것이라는 현실이다. 이러한 국방재원의 경제적 압박은 초저출산·초고령화에 따른 국방인력의 절대 감소라는 인적 압박에 의해 더욱 심화될 것으로 예상된다. 북한의 대규모 병력 위주의 재래식 군사력에 맞서기 위해 징병제로 운영되어온 우리의 국방기조가 흔들리게 되는 것이다. 이를 타개하기 위한장기 부사관이나 장교인력의 양성 혹은 모병제로의 전환은 더욱 큰 국방비의 증액을 전제로 하고 있으나, 이마저도 앞서 지적한 장기적 경제전망과 정부예산 여건을 고려할 때 여의치 못한 것이 우리의 현실이다.

한국 사회의 초저출산과 급속한 고령화는 국방비 증대 요구를 압박하는 요소로 작용하게 된다. 저출산·고령화가 필요 국방예산 확보에 미치는 영향은 복합적이다. 먼저 저출산은 산업인구의 감소를 의미하는데, 조세정책의 근본적인 변화가 없을 경우 이는 세수의 감소를 가져와 궁극적으로 정부재정 확보에 어려움을 초래한다. 또한 산업인구 감소는 경제성장률에도 부정적인 영향을 미칠 수밖에 없다. 저성장과 조세수입 감소에 따른 정부재정 감소는 국방비의 감소로 이어진다. 이와 같은 양상이 지속될 경우, 지속적인 국방비 증가를 염두에 두고 구상된 국방개혁이 지속적인 동력을 유지할 수 있을지 의문이다. 고령화 현상은 복지에 대한 소요 증대로 이어져 정부재정 지출에 있어 복지가 점차 큰 비중을 차지하게 될 것으로 예상된다. 현재 한국 사회의 복지논쟁은 진보, 보수를 넘어 누구나가 그 필요성을 절감하는 현실로 다가왔다. 문제는 급속한 수요증가와 저성장 기조 속에 부족한 재원 마련의 현실을 어떻게 조화할지로 귀결된다. 그러나 OECD 평균 GDP 대비 20% 복지예산을 고려할 때 이제 겨우 12% 남짓의 한국이 갈 길은 아직 멀다. 그렇다고 날로 증대하는 북한의 핵능력과 체제불안, 동북아의 세력다툼을 무시할 현실도 아니다.

국가안보가 외적의 침략으로부터 국민의 삶을 보호하는 것이라면 사회복지안보는 국내의 여러 사회경제적 어려움에 경제적으로 취약한 개인의 삶을 보호하는 것이라 할 수 있다. 두 개념은 언뜻 보기에 서로 전혀 상관이 없거나 상반되는 목적을 가진 것으로 보인다. 그러나 두 개념은 비록 위험의 형태나 원인은 전혀 달라 보이지만 결국은 한 사회 구성원의 삶을 보장하고, 보호한다는 측면에서는 그 궁극적 목적은 같다. 외부 적의 총칼에 공격을 당하든 당장 생계를 유지할 경제적 수단이 없어 굶거나 병으로 시달리든 현대 국가는 그에 속한 개인의 생명을 보호할 책임이 있는 것이다. 근대 사회복지(social welfare) 개념과 정책이 탄생한 서구에서 사회안보(social security)라는 개념이 같은 의미로 종종 혼용되어 사용되는 현실은 국가안보와 사회안보의 연관성을 상징한다. 그런데 서구 유럽의 경우 20세기 후반과 21세기로 들어오면서 국가안보보다 사회안보의 개념이 점점 더욱 중요해지는 현상을 목도하였다.

　　18, 19세기 가장 치열한 국가 간 전쟁을 경험한 서구 유럽이 유럽연합이라는 탈근대의 정치, 군사 체제를 수립하면서 이들 국가에서 전쟁 가능성은 점차로 사라지고 국방의 역할이 점차로 축소하게 되었다. 반면, 사회 개인의 복지와 안정적 생활에 대한 관심은 그 어느 때보다 높아져 각국 정부의 가장 큰 과제는 경제성장과 더불어 복지혜택의 보장이 되었다. 서구 유럽을 중심한 선진국과 한국, 일본, 중국 등 아시아의 주요 경제는 역사상 유례가 없는 저출산과 고령화를 겪고 있다. 한국 사회의 급속한 고령화와 이에 따른 사회복지비용의 급속한 증가 요구는 이미 한국 경제의 성장 둔화에 따른 정부재정 확보의 어려움에 더해 정부재정에 커다란 압박요인으로 작용할 것이다. 문제는 이러한 압박이 정부재정 지출의 다른 분야에 대한 심각한 제약 요인으로 작용할 수밖에 없다는 것이다. 특히 북한의 증대되는 핵능력과 더불어 한반도를 둘러싼 동북아 지정학의 불안정성이 증대되는 경향에 따라 국방비 증가의 수요 또한 증가하는 상황은 국내적인 사회복지안보 비용과 대외적인 국방안보 비용의 수요 증가가 서로 충돌하는 심각한 현상을 초래할 것이다. 마치 서로 마주 보고 달리는 기차처럼 우리에게 다가오는 국방안보와 사회안보의 무서운 현실을 어떻게 지혜롭게 헤쳐나갈지를 모두가 고민해야 할 때다. 그 시작은 이 두 안보 문제를 거시적으로 함께 접근하는 것에서부터 시작해야 할 것이다.

참고문헌

구자선. 2016. "중국 국방, 군 개혁 현황 및 전망: 조직 구조를 중심으로." 주요국제문제분석.

국무총리실. "자살 없는 사회를 위해-자살예방대책 추진경과." 2012. 12. 13. https://pmoblog.tistory.com/m/639

국방홍보원. 2014. "2030 미래 국군, 혁신·창조형의 정예화 선진 강군으로 우뚝 선다." 『국방저널』 6월호. pp. 6-17.

국회. 2013. 『2014년 예산안』.

김세진. 2015. "'북핵 5년대 100개' 주장 전문가들 "근거충분."" 『연합뉴스』(3월 20일).

김인경. 2016. "'인구절벽' 코 앞에···초등 5곳 중 1곳 신입생 10명 이하." 『서울경제』(6월 13일). http://www.sedaily.com/NewsView/1KXKON3273/GE02

김정진 외. 2018. "노인자살 예방을 위한 실천적 수립방안을 위한 연구." 한국자살예방협회. http://www.prism.go.kr/homepage/researchCommon/downloadResearchAttachFile.do?work_key=001&file_type=CPR&seq_no=001&pdf_conv_yn=N&research_id=1351000-200800069

김호준. 2014. "전작권 전환 사실상 무기연기···'2020년대 중반' 목표." 『연합뉴스』(10월 24일).

나원식. 2015. "[잃어버린 20년의 교훈]⑦ 초고속 고령화, 한국의 대응은." 『비지니스워치』(9월 8일). http://www.bizwatch.co.kr/pages/view.php?uid=17553

대한민국 국방부. 2006. 『국방개혁 기본계획 2006-2020(국방개혁 2020)』.

_____. 2009. 『국방개혁(2009-2020)』.

_____. 2012a. 『국방개혁 기본계획(2012-2030)』.

_____. 2012b. 『국방백서 2012』.

_____. 2013a. "2014-2018 국방중기계획 개요."

_____. 2013b. 『국방통계연보 2013』.

_____. 2014a. 『국방백서 2014』.

_____. 2014b. 『국방개혁 기본계획(2014-2030)』.

_____. 2014c. "2015년도 국방부 소관 예산 및 기금운용계획 개요."

_____. 2018. 『국방백서 2018』.

대한민국 병무청. "병역이행안내." http://www.mma.go.kr/kor/s_navigation/profile/index.html

_____. 2014. "2013 병무통계연보." 병무행정통계정보.

대한민국 통일부. 2013. 『북한 이해 2013』. 통일교육원 교육개발과.

류성무. 2013. "대만은, 모병제 도입 뒤 사병 구인난." 『연합뉴스』(7월 22일).

_____. 2014. "대만, 국방세 도입 검토···모병제 예산확보용." 『연합뉴스』(3월 7일).

박병률. 2016. "내년부터 인구절벽 상태···60년 누린 인구보너스 시대 종말." 『경향신문』(6월 24일). http://biz.khan.co.kr/khan_art_view.html?artid=201606240021025&code=92

0100&med=khan

박창희·조영남 외. 2017. "2016 중국의 군사: 국방개혁을 중심으로." 2016 중국정세보고.
　　서울: 국립외교원 외교안보연구소 중국연구센터.

＿＿＿. 2018. "2017 중국의 군사." 2017 중국정세보고. 서울: 국립외교원 외교안보연구소
　　중국연구센터.

박휘락. 2014. "한국 방위비분담 현황과 과제 분석: 이론과 사례 비교를 중심으로."
　　『국방정책연구』 103권. pp. 153-188.

보건복지부. 2014. "중장기 사회보장 재정추계."

신대원. 2015. "헤이니 美 전략사령관, "北 핵 일부 소형화.""『헤럴드경제』(3월 20일).

신성호. 2012. "인구노령화와 동북아 안보."『EAI 국가안보패널 보고서: 2010년대 한국외교
　　10대과제』. 동아시아연구원.

＿＿＿. 2014. 초저출산·초고령화와 국방인력 및 국방개혁 2.0

신성호·양희용. 2015. "저출산/초고령 사회와 국방."『국방연구』 58권 3호.

유성운. 2014. "전문가 "모병제 30만 명 적정" 육군은 병력 감축 반발."『중앙일보』(8월 13일).

윤규식. 2013. "대내외적 혼란과 격변시기 보낸 북한군."『북한』 제504호. pp. 36-47.

이다비. 2018. "대만 징병제, 67년 만에 역사 속으로…26일부터 모두 지원병."
　　『조선일보』(12월 17일). http://news.chosun.com/site/data/html_d
　　ir/2018/12/17/2018121702105.html

이삼식·최효진 편저. 2014.『초저출산/초고령사회의 위험과 대응전략』연구보고서 2014-22-1
　　총괄보고서, 한국보건사회연구원.

이주형. 2018. "2018 전군주요지휘관회의 국방개혁 2.0 보고."『국방저널』 8월호. http://
　　ebook.dema.mil.kr/src/viewer/main.php?host=main&site=20180731_162403&pop
　　up=1&ref=ebook.dema.mil.kr/home/view.php%3Fhost%3Dmain%26site%3D2018
　　0731_162403%26listPageNow%3D0%26list2PageNow%3D0%26code%3D19%26co
　　de2%3D0%26code3%3D0%26searchcode%3D0%26searchcode2%3D0%26searchd
　　ate%3D0%26searchkey%3D%26searchval%3D%26searchandor%3D%26dummy%3
　　D%26%26orders (검색일: 2018. 8. 7).

이철재·김민석. 2017. "모병제 전환 중인 대만, 지원자 줄어 고민."『중앙일보』(4월 13일).
　　https://news.joins.com/article/21469326

조관호. 2010. "군구조 개편과 국방인적자원관리 개혁 방향."『국방정책연구』 제26권 제4호.

조계완. 2015. "한국 경제, 인구절벽이 어른거린다."『한겨레』(6월 14일). http://www.hani.
　　co.kr/arti/economy/economy_general/695890.html

조주은. 2016. "저출산 위기 극복을 위한 보완대책의 문제점과 방안."『이유와 논점』
　　제1208호. 국회입법조사처.

주한국대만대표부. 2009. "2015년 대만은 징병제에서 모병제로." http://www.roc-taiwan.
　　org/KR/ct.asp?xItem=99817&ctNode=1524&mp=207.

최종건·박창원. 2010. "방패와 창의 안보딜레마: 일본의 TMD 구축과 중국의 대응 역학관계를
　　중심으로."『한국과 국제정치』 제36집 제3호. pp. 35-65.

통계청. 2011. "장래인구추계 2010-2060." http://kostat.go.kr/portal/korea/kor_nw/2/1/

index.board?bmode=read&aSeq=252623

한국군사문제연구원. 2007. "2020과 연계한 예비전력 정예화 방안: 사회복무역 운용 전망 분석을 중심으로."

한국보건사회연구원. 2011. "OECD 국가의 복지지표 비교 연구." 『정책연구자료 2011-01』.

홍길선. 2009. "국방개혁 2020과 연계한 군 인력충원과 국가 인적자원관리 발전에 관한 연구." 『産業과 經營』.

"2년 연속 복지예산 10% 증가…의무지출 50% 시대 왔다." 『매일경제』 2018. 8. 28. https:// www.mk.co.kr/news/economy/view/2018/08/539472/

"대만 6년내 완전 모병제 전환…대규모 감군." 『한겨레』 2008. 7. 2.

"모병제 전환 가능한가." 『한국경제』 2014. 8. 22.

"〈인구절벽〉①줄어드는 아기 울음소리… 획기적 돌파구 필요." 『연합뉴스』 2016. 7. 9. http://www.yonhapnews.co.kr/bulletin/2016/07/07/0200000000A KR20160707162200017.HTML

"〈인구절벽〉③고달픈 노인…미래 우리 모두의 모습?" 『연합뉴스』 2016. 7. 9. http://www. yonhapnews.co.kr/bulletin/2016/07/08/0200000000AKR20160708115800017. HTML

Bennet, Bruce W. 2006. "A Brief Analysis of the Republic of Korea's Defense Reform Plan." National Defense Research Institute. Santa Monica. CA: RAND Corporation.

____. 2013. "Preparing for the Possibility of a North Korean Collapse." Santa Monica. CA: RAND Corporation.

Bennet, Bruce W. and Jennifer Lind. 2011. "The Collapse of North Korea: Military Missions and Requirements." *International Security*. Vol. 2, Issue 36. pp. 84–119.

Bush, George. 1991. *National Security Strategy of the United States 1991*. Washington D.C.: Brassey's.

Cordesman, Anthony H. and Ashley Hess. 2013. "The Evolving Military Balance in the Korean Peninsula and Northeast Asia." *A Report of the CSIS Burke Chair in Strategy*. June 2013.

Cordesman, Anthony H. and Martin Kleiber. 2013. "Chinese Military Modernization and Force Development." Washington, DC: Center for Strategic and International Studies.

Dent, Harry. 2014. *The Demographic Cliff: How to Survive and Prosper During the Great Deflation of 2014–2019*. New York: Penguin.

Feith, Douglas J. 2003. "Transforming the US Global Defense Posture." Center for Strategic and International Studies.

____. 2004. "Strengthening US Global Defense Posture: Report to Congress." Department of Defense. September 17, 2004.

Friedberg, Aaron L. 2011. "Hegemony with Chinese Characteristics." *The National Interest*. pp. 18–27.

Goldstein, Avery. 2013. "First things first: the pressing danger of crisis instability in US-China relations." *International Security.* Vol. 4, Issue 37.

IISS. 2014. "The Military Balance 2013."

Mearsheimer, John J. 2001. *The Tragedy of Great Power Politics.* New York: Norton.

____. 2014. "China's unpeaceful rise." In Elman, Colin and Michael Jensen (Eds.). Realism Reader. New York: Routledge.

Ministry of Defense of Japan. 2008. "Successful PAC-3 Flight Text." Japan Defense Focus, No.11 (October 2008).

____. 2010. "National Defense Program Guidelines for FY 2011 and beyond."

____. 2013a. "Defense Programs and Budget of Japan."

____. 2013b. "Medium Term Defense Program for FY 2014−2018."

____. 2014. *Defense of Japan* 2014.

Office of the Secretary of Defense. 2014. "Military and Security Developments Involving the People's Republic of China 2014." *Annual Report to Congress.* Washington D.C.: U.S. Department of Defense.

Perry, J. William. 1995. *United States Security Strategy for the East-Asia Pacific.* Washington, D.C.: Department of Defense.

Smith, Kyle. 2014. "Aging America heading for disaster" *New York Post* February 8, 2014, http://nypost.com/2014/02/08/thanks-to-aging-population-its-all-downhill-from-here-for-usa/

SIPRI. 2013. "SIPRI Military Expenditure Database 2013."

____. 2014. "SIPRI Yearbook 2014."

____. 2016. "TRENDS IN WORLD MILITARY EXPENDITURE, 2015" SIPRI Fact Sheet (April 2016) http://books.sipri.org/files/FS/SIPRIFS1604.pdf

III   저출산·고령화의 국내정치경제

1

인구 고령화와 노동시장

송지연(서울대학교)

가. 서론

인구 고령화는 주요 선진국이 공통적으로 직면하고 있는 문제이다.[1] 일본은 2016년 기준으로 전체 인구의 27.3%가 65세 이상 고령자인 세계 최고령 국가이다. 그 뒤를 독일과 이탈리아가 따르고 있는데 2014년 기준으로 65세 이상 고령자가 전체 인구의 21.45%, 21.25%를 각각 차지하고 있다(Japanese Statistics Bureau 2017, 10; OECD Data, Elderly population). 주요 선진국의 인구구조 변화와 비교한다면 한국은 65세 이상 고령자가 전체 인구의 14.3%를 차지하는 상대적으로 젊은 국가이지만, 급속한 고령화는 인구구조 변화의 심각성을 더하고 있다(통계청 2018b, 3). 아래 〈표 1〉에서 보여주듯이 한국은 2000년에 65세 이상 고령자 비중이 전체 인구의 7%를 넘는 '고령화사회(aging society)'로 진입하였다. 이는 주요 선진국이 '고령화사회'로 들어선 시점에 비해서는 상당히 늦었지만, 고령인구 비중이 전체 인구의 14%를 넘어서는 '고령사회(aged society)'로 접어드는 시기는 불과 17년 후인 2017년, 고령인구 비중이 전체 인구의 20% 이상을 차지하는 '초고령사회(super-aged society)'에 도달하는 기간은 더욱 단축되어 9년 정도 소요될 것이라고 예측된다. 다른 국가들이 짧게는 수십 년, 길게는 백년 이상의 기간 동안 점진적으로 경험하고 있는 인구구조 변화를 한국은 아주 압축적으로 겪고 있다.

---

1 고령인구는 보통 65세 이상을 지칭하지만 법령과 정책에 따라서 그 범위가 조금씩 다르다. 예를 들면 「고령자고용 촉진법」에서는 55세 이상을 고령자로 규정하고 있지만, 「노인복지법」에서는 65세 이상, 「국민연금법」에서는 노령연금 수급권 기준 연령(만 60세가 기준이었으나 2013년부터 5년마다 1세씩 연장하고 있음)을 기준으로 규정하고 있다(송창용·박보경 2011, 27).

표1 주요국 인구 고령화 속도

국가	도달 연도			증가 소요 연수	
	고령화사회 (7%)	고령사회 (14%)	초고령사회 (20%)	7%→14%	14%→20%
한국	2000	2017	2026	17	9
일본	1970	1994	2006	24	12
미국	1942	2015	2036	73	21
독일	1932	1972	2009	40	37
영국	1929	1976	2026	47	50
이탈리아	1927	1988	2006	61	18
프랑스	1864	1979	2018	115	39

자료: 고용노동부(2014), p. 7.

고령화는 경제활동에 참여하는 생산가능인구(15~64세) 감소로 인한 노동력 부족과 경제 활력 저하, 젊은 세대의 부양부담 증가, 사회 복지비용 확대로 인한 재정건전성 확보 등 시급하게 해결해야 하는 과제를 던져주고 있다. 본 연구에서는 한국 사례를 중심으로 인구 고령화 시대에 직면하고 있는 노동시장 불평등과 양극화, 노동력 부족을 중점적으로 살펴보고 이를 해결하기 위한 정책대안을 제시하고자 한다. 2절에서는 한국의 인구 고령화와 노동시장 특징을 비교적 관점에서 살펴본다. 3절에서는 저출산·고령화로 대표되는 인구구조 변화에 대한 정부의 대응전략을 검토한다. 4절에서는 고령자 대상의 고용정책과 경제생활 안정화 방안에 대해서 분석한다. 5절에서는 고령화로 인한 노동력 부족을 해소하고 경제 활력을 가져오기 위한 대안으로 여성의 노동시장 참여 확대를 위한 정책지원을 살펴본다. 6절은 인구 고령화에 대한 정책대응의 성과와 한계 그리고 향후 전망을 검토한다.

나. 비교적 관점에서 살펴본 한국의 인구 고령화와 노동시장

인구 고령화는 경제성장과 의학기술 발전을 통해 국민건강이 증진되고 수명이 연장되면서[2] 고령자가 빠르게 증가하고 지속적인 출산율 저하로 유소년 인구가 감소하면서 전체 인구의 평균 연령이 높아진 결과이다.[3] 〈그림 1〉에서 보여주듯이 한국의 인구 고령화 수준은 2010년 기준으로는 다른 OECD 국가와 비교하여 높은 편은 아니지만 급속한 고령화로 인해 2050년에는 일본 다음으로 고령인구의 비중이 가장 높은 국가가 될 것이라는 전망이다. 또한 〈표 2〉에서 보여주듯이 한국의 출산율은 OECD 국가들 중에서 가장 낮은 수준으로 고령화를 더욱 가속

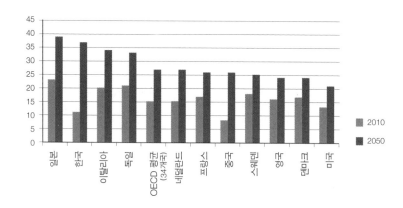

그림 1 주요국 65세 이상 고령인구 비율

자료: OECD(2013), p. 171, table 8.1.1.

---

2   한국인의 기대수명은 2017년 기준으로 전체 82.7세, 남성 79.7세, 여성 85.7세로 OECD 회원국 기대수명보다는 남성은 1.4년, 여성은 2.3년 높다(e-나라지표, 기대수명 및 유병기간 제외 기대수명).
3   인구학적으로 유소년 인구는 0–15세 미만을 지칭한다.

표 2 주요 OECD 국가 출산율 비교

	1970	1980	1990	2000	2010	2017
덴마크	1.95	1.55	1.67	1.77	1.87	1.75
프랑스	2.48	1.95	1.78	1.87	2.02	1.86
독일	2.03	1.56	1.45	1.38	1.39	1.57
이탈리아	2.42	1.68	1.36	1.26	1.41	1.32
일본	2.13	1.75	1.54	1.36	1.39	1.43
한국	4.53	2.82	1.57	1.47	1.23	1.05
네덜란드	2.57	1.6	1.62	1.71	1.8	1.62
스웨덴	1.94	1.68	2.14	1.55	1.98	1.78
영국	2.43	1.90	1.83	1.64	1.92	1.74
미국	2.48	1.84	2.08	2.06	1.93	1.77
OECD 평균	2.76	2.17	1.91	1.67	1.75	1.7

자료: OECD Fertility rates(https://data.oecd.org/pop/fertility-rates.htm, 검색일: 2019년 8월 25일)

화하고 있다.

통계청 장래인구추계에 따르면 한국 총인구는 2010년 4914만 명에서 2030년 5216만 명까지 증가하지만 이후 지속적으로 감소하여 2060년에는 4396만 명에 이를 것으로 예상된다. 또한 경제활동이 가능한 생산가능인구(15~64세)는 2016년 3631만 명(72.8%)을 정점으로 2017년 3620만 명(72.5%)으로 줄어들기 시작했다(통계청 2018a, 2). 이러한 인구구조 변화는 〈표 3〉에서 보여주듯이 고령자 1명당 부양자 수는 급감하고 노년부양비는 급증하면서 경제 활력 저하와 사회복지 비용 증가 등의 문제를 가져온다. 동시에 1990년대 후반 동아시아 금융위기 이후 가속화되고 있는 노동시장 불평등과 양극화로 안정적인 일자리는 빠르게 사라지고 있다. 이러한 인구 고령화와 노동시장 변화는 고령자의 경제생활 안정성과 사회안전망 확보라는 어려운 과제를

표 3 한국 노년부양비 및 노령화 지수

(단위: 해당인구 100명당 명)

	노년부양비	노령화지수	고령자 1명당 생산가능인구
1960	5.3	6.9	18.9
1970	5.7	7.2	17.1
1980	6.1	11.2	16.3
1990	7.4	20	13.5
2000	10.2	35	9.8
2010	15.4	69.6	6.5
2020	21.8	123.7	4.6
2030	38.2	212.1	2.6
2040	58.2	303.2	1.7
2050	72.6	399.0	1.4
2060	82.6	434.6	1.2

주: 1) 노년부양비: (65세 이상 인구/15~64세 인구) * 100
   2) 노령화지수: (65세 이상 인구/0~14세 인구) * 100
   3) 고령자 1명당 생산가능인구: 15~64세 인구/65세 이상 인구
자료: 2000년 이전 자료의 출처는 다음과 같음. 통계청. 「장래인구추계」 2011, 12. (재인용: 통계청. 2015. 「2015 고령자 통계」, 보도자료(2015.09.24.)); 2000년 이후 자료의 출처는 다음과 같음. 통계청 「인구주택총조사」 각년도(외국인 포함), 「장래인구추계」 2016. 12. (재인용: 통계청. 2018b. 「2018 고령자 통계」, 보도자료(2018.9.27.)).

제시하고 있다.

　〈표 4〉에서 보여주듯이 한국의 65세 이상 고령자 노동시장 참가율은 다른 국가와 비교하여 월등하게 높다. 세계 최고령 국가인 일본 역시 한국보다는 낮은 수준이기는 하지만 상당히 높은 수준의 고령자 노동시장 참가율을 보이고 있다. 이러한 현상은 동아시아에서 나타나는 '일과 직업을 통한 개인의 정체성 확립'이라는 사회문화적 특수성이 반영된 부분도 있겠지만, '일을 통한 복지(welfare through work)' 또는 '생산주의적 복지(productivist welfare state)'로 대표되는 노동시장정책과 사회복지정책의 결과라고 볼 수도 있다(Holiday 2000; Miura

표 4 주요 OECD 국가 65세 이상 고령자 노동시장 참가율

	2000	2010	2018
덴마크	2.5	5.7	7.3
프랑스	1.1	1.5	3.1
독일	2.7	4.0	7.5
이탈리아	3.3	3.2	4.8
일본	22.6	19.9	24.7
한국	29.6	29.4	32.2
네덜란드	3.2	5.9	8.4
스웨덴	10.3	13.5	17.7
영국	5.3	8.6	10.6
미국	12.9	17.4	19.6
OECD 평균	11.0	12.6	15.3

자료: OECD. Stat, LFP by sex and age-indicators (https://stats.oecd.org/Index. aspx?DataSetCode=LFS_SEXAGE_I_R, 검색일: 2019년 8월 26일)

2012, 12-29). 흥미로운 사실은 한국의 고령자들은 높은 노동시장 참가율에도 불구하고 이들 대다수는 안정적인 노후생활을 누릴 수 있는 충분한 소득을 보장받지 못하고 있다는 점이다. 한국은 65세 이상 고령자의 소득이 2013년 기준으로 전체 인구의 60.1%인데 이는 OECD 32개국 평균인 86.8%와 비교하여 아주 낮은 수준이다(OECD 2015, 169, table 8.1). 또한 한국의 고령자 빈곤율은 상당히 심각한 상황에 놓여 있는데 〈표 5〉에 따르면 한국에서는 65세 이상 고령자의 절반(49.6%) 정도가 경제적 빈곤상태에 놓여 있다. 이는 OECD 회원국 평균과 비교하여 4배 이상 높은 수치이다. 이러한 지표를 통해서 살펴본다면 한국 고령자의 높은 노동시장 참가율은 사회문화적 특수성보다는 최소한의 생활수준을 유지하기 위한 경제적 이유로 설명하는 편이 타당할 것 같다. 따라서 고령화 시대에 중요한 정책과제 중 하나는 고

표 5 주요 OECD 국가 고령자 빈곤율(나이와 성별)

	고령자					전체인구
	나이			성별		
	65세 이상	65–75세	76세 이상	남성	여성	
덴마크	4.6	2.7	7.4	3.1	5.8	5.4
프랑스	3.8	2.7	5.0	3.0	4.4	8.1
독일	9.4	8.1	10.8	6.3	12.3	8.4
이탈리아	9.4	9.5	9.2	6.4	11.5	12.7
일본	19.4	16.6	22.8	n.a.	n.a.	16.0
한국	49.6	46.1	n.a.	n.a.	n.a.	14.6
네덜란드	2.0	1.8	2.3	1.7	2.3	7.9
스웨덴	9.3	6.6	13.5	6.6	11.6	9.0
영국	13.4	10.9	16.6	10.9	15.5	10.5
미국	21.5	17.5	27.2	16.5	25.6	17.6
OECD 평균	12.4	10.9	14.7	8.4	12.4	11.3

주: 1) 2012년 또는 가장 최근 연도까지 포함 2) 빈곤율은 중위가구 가처분 소득의 50% 미만인 소득을 기준으로 계산

자료: OECD(2015), p. 171, table 8.3.

령자들이 일정 수준 이상의 안정적 소득을 충분히 확보할 수 있는 방안을 마련해야 한다는 것이다. 특히 주요 선진국과 비교했을 때 한국의 고령화는 사회복지제도가 충분히 확충되지 못한 단계에서 접어들었고 동시에 급속한 고령화로 인해 급증하게 될 사회복지비용 부담이라는 이중고에 직면해 있다. 그렇기 때문에 노동시장정책과 사회복지정책을 통한 적절한 대응책을 마련하지 못한다면 인구구조 변화로 인한 사회경제적 문제는 더욱 심각한 상황으로 접어들 것이다.

또한 인구 고령화로 인한 노동력 부족에 대응하기 위해 한국을 포함한 주요 국가들은 노동시장에 적극적으로 참여하지 않는 잠재인력을 활성화하는 방안을 고민하고 있는데 그 중에서도 여성의 노동시

장 참가율을 높이기 위한 다양한 정책지원과 제도변화를 논의하고 있다. 흔히 한국을 가족주의 전통이 강한 사회라고 이야기하지만 이러한 사회문화적 분위기는 출산과 양육 부담을 가족, 특히 여성 가족 구성원에게 일방적으로 부과하는 경향이 강하고 이는 역설적으로 심각한 출산율 저하와 여성의 낮은 노동시장 참가율을 가져온다는 연구결과가 있다(Brinton and Lee 2016). 비교적 관점에서 본다면 1980년대 중반 이후 여성의 노동시장 참가율과 출산율은 양의 상관관계를 보이는데 북유럽 국가들은 여성의 노동시장 참가율과 출산율이 모두 높지만, 한국, 일본 등 동아시아에서는 여성의 노동시장 참가율과 출산율이 모두 낮은 수준이다(Kinoshita and Guo 2015). 따라서 여성이 일과 가정을 양립할 수 있도록 적극적으로 지원하는 정책과 제도적 변화가 없다면 가족주의 전통이 강한 동아시아에서 출산율을 높이고 여성의 노동시장 참가확대를 통한 노동력 확보와 성장 동력을 마련하는 것은 쉽지 않다.

한국 여성의 노동시장 참가율은 2015년 57.9%로 OECD 평균인 63%보다는 여전히 낮은 편이다(OECD 2016, 220, table c). 교육수준에 따른 여성의 노동시장 참가율은 주요 OECD 국가들과는 다른 추세를 보이는데, 중학교 교육 이하의 저학력 여성들은 OECD 평균보다 조금 높은 수준의 노동시장 참가율을 보이지만 대학교육 이상을 받은 고학력 여성들의 경우 현저히 낮은 수준의 노동시장 참가율을 보이고 있다(표 6 참조). 그리고 'M자형 곡선(M-shaped curve)'으로 잘 알려진 결혼, 출산, 육아로 인한 여성의 경력단절은 주요 선진국 중에서 한국과 일본만이 경험하고 있는 여성노동시장의 심각한 구조적 문제점이다. 30대 초중반 경력단절을 경험한 뒤 30대 후반 또는 40대 초반에 노동시장으로 재진입하는 여성들은 고용불안, 저임금, 사회보험 부재로

표 6 주요 OECD 국가 65세 이상 고령자 노동시장 참가율

	중학교 이하	고교 졸업	대학교육
덴마크	57.6	80.0	88.2
프랑스	55.3	76.2	86.3
독일	56.5	79.3	86.3
이탈리아	41.1	67.8	80.7
일본	n.a.	n.a.	72.4
한국	59.5	61.0	64.8
네덜란드	53.3	78.5	88.5
스웨덴	68.1	85.5	91.4
영국	55.0	77.2	83.0
미국	47.6	66.6	78.9
OECD 평균	52.4	72.1	83.5

자료: OECD(2016), p. 225, table f.

대표되는 비정규직 업무에 종사할 가능성이 높다. 특히 대학교육 이상을 받은 고학력 여성이 경력단절을 경험한다면 이들이 나중에 노동시장으로 복귀할 유인이 아주 낮다고 볼 수밖에 없다. 따라서 여성의 노동시장 참여확대와 고용유지는 인구 고령화시대에 생산가능인구 감소로 초래되는 노동력 부족과 경제 활력 저하를 해결할 수 있는 주요한 정책전략으로 주목받고 있다.

비교적 맥락에서 살펴본 한국의 고령화와 노동시장에 대한 분석을 바탕으로 다음 절에서는 2000년대 초반 이후 정부가 추진하고 있는 인구구조 변화에 대한 대응전략과 성과를 간략하게 살펴보고 최근 중점적으로 논의되고 있는 고령자 고용정책과 노동시장정책을 구체적으로 검토할 것이다. 노동시장 불평등과 양극화가 더욱 심각해지고 있는 상황에서 고령자의 경제생활 안정성 확보와 노동력 부족을 해소하기

위한 방안으로 여성인력 활성화 방안을 중심으로 해결책을 모색하고
자 한다.

다. 저출산·고령화 대응전략 변화

한국 인구정책은 박정희 정부가 1962년 발표한 경제개발 5개년 계획
의 일환인 가족계획정책으로 시작하였는데 산아제한을 통한 인구증가
억제를 중점적으로 추진하였다. 그 결과 합계출산율(total fertility rate)
은 1960년 6명에서 급속하게 감소하여 1983년에는 인구 대체출산율
(replacement fertility rate)인 2.1명까지 도달하였다(정구현 2000, 1).
이러한 인구증가율 억제라는 양적인 측면을 강조한 인구정책은 1990
년대 초반까지 지속되다가 1996년에 중요한 전환점을 맞이하였다. 이
후의 인구정책은 인구자질 향상과 구성원의 삶과 복지 향상이라는 질
적인 측면을 강조하는 방향으로 바뀌었고 이를 통해 지속가능한 사회
발전을 이룩하는 것을 주요 목표로 설정하였다(김기평 1996; 조병구 외
2007, 65–66).

하지만 2000년대 초반을 기점으로 더욱 심각해진 저출산·고령
화에 직면하여 정부는 새로운 인구정책을 수립할 필요성을 느끼게 되
었다. 당시 노무현 대통령 후보는 대선 공약 가운데 하나로 2002년 10
월 '고령사회대책위원회' 설치를 발표하였고 당선 직후 대통령직인수
위원회에서는 저출산·고령화 문제를 주요 국정과제로 선정하였다. 이
후 노무현 정부는 '고령화 및 미래사회위원회'를 출범시켰고 이 조직
은 2005년 5월 18일 「저출산 고령사회 기본법」 제정을 통해서 '저출산
고령사회위원회'로 개편되었다(대통령기록관, n.d.). 인구문제를 종합

적으로 다루는 새로운 정책기구 수립을 통해 정부는 저출산·고령화를 한국 사회가 당면한 심각한 문제로 인식하고 이에 대한 진단과 중장기적 대안을 준비하기 시작하였다. 첫 단계로 2006년 '제1차 저출산·고령사회 기본계획(2006-2010)'을 발표하였다(오영희 외 2008, 머리말; 최병호 2015, 103).

이명박 정부 역시 인구문제의 심각성에 대처하기 위해 2010년 '제2차 저출산·고령사회 기본계획(2011-2015)'을 수립하였는데 제1차 기본계획이 저출산 문제해결에 초점을 두었다면 제2차 기본계획은 고령사회 대처에 우선순위를 두었다. 이후 박근혜 정부는 2015년 12월 '제3차 저출산·고령사회 기본계획(2016-2020)'인 '브릿지플랜 2020'을 수립하였다(대한민국정부 2010; 저출산고령사회위원회 2015). 제3차 기본계획은 노동시장 불평등과 양극화 해소를 통해서 고령자들이 경제적으로 안정된 노후생활을 보낼 수 있도록 하는 방안을 중점적으로 다루고 있다. 무엇보다도 다른 선진국과 비교해서 엄청나게 높은 노인빈곤율 해소를 최우선 과제로 선정하여 49.6%인 노인빈곤율을 2020년까지 39%, 향후 2030년까지 30% 이하로 낮추는 것으로 주요 목표를 설정하였다(저출산고령사회위원회 2015, 3-4). 또한 고령화 시대 생산가능인구 감소와 경제 활력 저하 등의 문제를 해결하기 위해 고용과 산업구조 개편이 필요하다는 점을 강조하면서 이러한 변화에 대한 적극적 대응방안으로 여성, 중고령자, 외국인 인력 활용 확대 등 다양한 정책제안을 포함하고 있다(저출산고령사회위원회 2015, 6). 이러한 접근법은 인구 고령화가 개인 수준의 문제가 아니라 한국 사회 전반에 커다란 변화를 가져오는 요인이고 이에 대한 종합적 대응방안이 필요하다는 인식의 전환을 보여준다.

라. 고령자 고용정책

앞서 간략하게 언급했듯이 한국의 경우 주요 선진국에 비해 고령자의 경제적 불안정성이 상당히 높은 수준이다. 2008년 기준으로 65세 이상 고령자의 연령별 주요 수입원은 사적 이전 소득이 전체의 55.5%를 차지하고 있는 반면, 연금소득을 주 수입원으로 응답한 고령자는 전체의 3.3%에 불과하다.[4] 고령자의 22.5%가 근로소득을 노후의 주요 수입원으로 답한 것은 대다수의 고령자가 노후에 대한 경제적 대비를 제대로 하지 못하고 있다는 점을 시사한다(최지희 2012, 59, 표 5). 또한 국민연금, 공무원연금, 사학연금, 군인연금 등 공적연금을 수급하는 65세 이상 고령자는 2014년 253만 1천 명으로 전체 고령인구의 39.6%를 차지하고 있지만, 연금수령자(55~79세) 60.5%가 25만 원 미만의 연금을 받고 있다는 사실은 공적연금이 고령자의 노후대비 수단으로 충분하지 못하다는 점을 보여 준다(통계청 2015, 38–39).[5]

이러한 노후생활의 경제적 불안정성은 고령자들이 노동시장에 참가하려는 주요한 이유인데 장래에 일하기 원하는 고령인구 비율은 지난 몇 년간 지속적으로 증가하고 있다. 2018년 기준으로 고령자(55~79세) 가운데 장래에 일하기를 원하는 비율은 64.1%에 달하는데 근로 희망 사유로는 '생활비 보탬'(59%)을 가장 우선순위로 답하였고, '일하는 즐거움'(33.9%) 등이 다음 순위였다(통계청 2018b, 34).[6] 그리고 일

4　다른 자료이기는 하지만 한국은 노후소득에서 공적연금이 차지하는 비율이 2.9%에 불과하다. 이는 일본의 57.1%, 미국의 55.5%, 독일의 77.0%와 비교해서 상당히 낮은 수준이다(방하남 외 2005, 96).

5　1988년 도입된 국민연금제도의 노령연금 수급률은 2015년 기준으로 32.1% 수준에 머물러 있고, 연금 수급액 역시 평균 임금의 23.5%에 머무르고 있다(OECD 2016, 『한국경제보고서』, 52).

자리 선택의 주요 기준으로는 남성은 '임금수준,' 여성은 '일의 양과 시간대'를 최우선 순위로 답하였다. 남성 고령자의 경우는 여전히 가정의 주요 소득원으로 경제활동에 참여하기를 희망하고 여성은 상대적으로 시간과 업무의 유연성을 중요하게 생각한다는 한다는 점을 알 수 있다 (통계청 2018b, 35).

그렇지만 고령자의 노동시장 참가율이 높다고 해서 고용의 질이 높은 것은 아니다. 기존 연구에서 분석하였듯이 고령자의 높은 노동시장 참가율은 한국 노동시장의 구조적 특징과 밀접하게 연관되어 있는데 그 중에서도 높은 자영업 종사자 비중과 연령에 따른 종사상 지위 변화가 주요 변수로 영향을 미친다. 한국 노동시장에서 자영업 종사자의 비중은 2018년 기준 25.123%로 주요 선진국과 비교하여 여전히 1.5–2배 정도 높은 수준이다.[7] 소규모 자영업은 주요 일자리에서 은퇴한 중장년 임금근로자가 노동시장에 참여하는 경로로 활용되었다. 하지만 이들 대부분은 내수에 민감한 서비스 산업에 종사하고 있기 때문에 국내의 경기변동에 따른 고령자의 경제적 불안정성이 여전히 높다고 볼 수 있다. 2000년대 중반까지는 고령층(55~79세) 취업자의 절반 정도가 자영업에 종사하는 것으로 파악되었으나, 2016년에는 그 비중이 34.5%까지 감소하였다. 반면 고령층 임금근로자 비중은 계

---

6   2007년 조사에서도 고령층(55~79세) 인구 중 취업 희망자의 비율은 57.5%였으며 이들이 노동시장에 참여를 원하는 이유는 '생활비에 보탬이 되어서'(32.4%)가 가장 높은 우선순위였고, 다음이 '일하는 즐거움 때문에'(19.6%) 등의 순서로 나타나고 있다(오영희 외 2008, 16, 166–167). 2011년 통계청 「경제활동인구조사 부가조사(고령층)」에 따르면 55~79세 고령자의 58.5%(약 581만 명)가 취업을 희망하고 있고, 이들 중 54.9%가 생활비를 보태기 위해서라고 응답하고 있다는 점에서 고령자의 경제적 취약성이 이들의 높은 노동시장 참가율을 설명한다고 볼 수 있다(송창용·박보경 2011, 15–16).
7   일본과 미국 자영업 종사자 비율은 2018년 기준으로 각각 10.295%, 6.294%이고, EU 28개 회원국가 평균은 15.272%이다(OECD Data, Self-employment rate).

속해서 증가하였는데 2008년을 기점으로 자영업 종사자 비중을 추월하여 2016년 8월 기준으로 고령층의 57.9%가 임금근로자이고 이들 중 53.8%는 비정규직 근무형태로 노동시장에 종사하고 있다(김복순 2016, 54; 정성미 2011, 76-77). 따라서 고령자의 노동시장 참가율은 높지만 상당수가 소규모 자영업에 종사하거나 임금근로자의 경우는 정규직 은퇴 이후 임금수준과 근무조건이 열악한 비정규직 업무에 종사하고 있기 때문에 고용의 질은 낮다(방하남·이다미 2015, 18).

1997년 아시아 금융위기 이후 한국 노동시장은 고용 불안이 더욱 심화되고 양질의 일자리가 빠르게 감소하고 있는데 이러한 노동시장 불평등과 양극화 현상은 근로빈곤층 확대로 이어지고 있다(한국개발연구원 2006, 83-86). 그리고 연공서열식 임금체계를 선택한 기업들은 연령에 따른 임금부담 때문에 고령인력 과잉 문제를 심각하게 인식하였다(박성준 2004, 187-188). 따라서 금융위기 이후 기업들이 상시적으로 시행하고 있는 인력조정은 생산성에 비해 임금 수준이 높은 중장년 근로자를 주요 대상으로 하였다(장지연 2003, 75, 97). 이러한 기업 임금구조 특징은 서유럽 국가들이 근로시간 단축을 통한 '일자리 나누기(job sharing)' 방식으로 고용조정을 실시했던 것과는 달리 한국에서는 정규직 중장년 임금노동자의 조기퇴직을 통한 인력조정에 영향을 미쳤다(장지연 2003, 190).

이러한 노동시장과 고용구조의 문제점 파악을 통해서 중장년/고령 근로자의 고용과 경제적 안정성 유지를 위한 두 가지 정책이 동시에 추진되고 있다. 첫째, 정년 연장 법제화를 통한 중장년 근로자의 고용안정과 안정적인 소득확보 방안마련이다. 정년제도와 관련해서 「2013년 사업체노동력조사 부가조사」에 따르면 정년제를 도입하고 있는 사업장의 평균 정년연령은 300인 이상 기업의 경우 57.5세, 300인

미만 기업의 경우는 58.6세로 전체 평균 정년연령은 58.6세로 파악되고 있다. 하지만 현실적으로 주된 일자리에서 퇴직하는 평균연령은 남성 55세, 여성 51세로 전체 평균연령 53세에 불과하고, 300인 이상 고용하고 있는 대기업에서는 대졸 사무직을 대상으로 상시적 인력 고용조정이 빈번하게 일어나고 있는 상황이다(고용노동부 2014, 10–11).[8] OECD 국가들의 경우 평균 최장 고용기간이 55~64세임에 비해, 한국의 경우는 45~49세가 그 정점이라는 사실은 한국 중장년 근로자들이 주된 일자리에서 상대적으로 빨리 은퇴한다는 것을 다시 한 번 입증한다(OECD 2011, 13).[9]

또한 한국은 공식적인 은퇴연령과 실질적인 은퇴연령에서 상당한 차이가 있다. 한국 남성의 공식적인 은퇴연령은 61세이지만 실질적인 은퇴연령은 72.9세이고, 여성의 경우 공식적인 은퇴연령은 61세, 실질적인 은퇴연령은 70.6세이다. 반면 OECD 국가들의 경우 2015년 기준으로 남성의 공식적인 은퇴연령은 64세, 실질적인 은퇴연령은 64.4세, 여성의 공식적인 은퇴연령은 63.1세, 실질적인 은퇴연령은 63.2세로 이들 간에 차이가 거의 없다(OECD, Ageing and employment policies – Statistics on average effective age of retirement). 이는 대다수 OECD 국가들에서는 고령자들이 은퇴 이후 연금 등의 안정적인 소득으로 노후를 보내고 있는 반면, 한국에서는 대다수의 고령자들이 주

---

8 2010년 8월 「경제활동인구조사 고령자 부가조사」에 따르면 근로자들이 가장 오래 근무한 일자리를 그만둔 연령은 평균 만 53세로 나타났고, 50대에 그만둔 경우가 43%로 가장 많았다. 이를 통해서 대다수 근로자들이 주된 일자리에서 실질적으로 은퇴하는 연령이 50대 중반임을 추정할 수 있다(정성미 2011, 70–71).

9 나이별로 살펴본 월평균 근로소득을 통해서도 40대 후반이 주된 일자리에 근무하는 정점이라고 판단된다. 40~49세에는 월평균 근로소득이 약 230만원, 50~59세에서는 201만원, 60~69세에서는 150만원으로 감소하는 경향을 보여주는데 이는 50대 이후 임금근로자들은 재취업을 통한 소득감소를 경험한다는 사실을 나타낸다(OECD 2011, 13).

된 일자리에서 50대 초중반에 은퇴한 이후 15년 이상을 실질적인 경제활동에 참여한다는 점을 시사한다. 그리고 앞서 언급했지만 이러한 노동시장 참여에도 불구하고 한국 고령자들이 취업하는 대부분의 일자리는 비정규직 업무 또는 자영업에 집중되어 있기 때문에 이들이 노후생활을 위한 안정적인 소득을 확보하는 것은 쉽지 않다.[10]

　　이러한 고령자의 고용불안과 경제적 취약성에 대응하기 위해서 정부는 기업들로 하여금 정년을 60세 이상으로 정하도록 규정하였으나 그동안은 법적 강제력이 없었다.[11] 하지만 이러한 '노력의무'는 2013년 5월 22일 근로자 정년을 60세 이상으로 의무화하는 것을 주요 내용으로 하는 「고령자고용촉진법」 개정안 공포를 통해 법적으로 규정하였다. 개정법안에 따르면 제19조(정년)를 통해서 근로자 정년의 60세 이상을 의무화(300인 이상 사업장, 공공기관은 2016년 1월 1일부터 시행하고, 300인 미만 사업장, 국가 및 지자체는 2017년 1월 1일 시행)하도록 규정하고 있다. 동시에 정년연장으로 높아지는 기업의 인건비 부담을 덜어주기 위해 제19조 2항에 정년연장에 따른 임금체계 개편 의무화를 포함하면서 기업들이 고령자의 고용유지를 보다 적극적으로 추진할 수 있는 방안을 제시하였다(고용노동부 2014, 15; 한국경영자총연합회 2015).

　　둘째, 정년연장과 관련하여 정부는 기업과 함께 생산성에 상응하는 임금체계 개편과 노동비용 유연화를 추진하고 있다. 연공서열적 임금구조는 정년연장에 따른 기업의 인건비 부담을 더욱 높이는 결과를

10　「2002년 임금구조 조사」에 따르면 고령 근로자는 비정규직에 종사할 확률이 높았고 특히 60세 이상의 고령 노동자 대부분은(59.8%) 저임금 직종에 종사하고 있는데, 남성의 경우는 55.4%, 여성의 경우는 78.6%에 달하고 있다(OECD 2004, 16–18).

11　2000년 이후 한국 기업들의 정년연령은 2000년 57.2세, 2003년 56.7세, 2006년 56.9세, 2008년 57.1세, 2009년 57.2세로 거의 동일한 수준에서 유지되었다(황수경 2012, 100).

가져오기 때문에 이를 완화하기 위해 직급보다는 직무에 따른 임금체계를 도입하고 임금피크제 확산을 통해서 중장년 임금노동자들의 고용유지를 촉진하고자 한다. 또한 연령에 따른 고용차별 개선과 금지정책 수립을 통해서 고령자들의 고용안정과 고용확대를 강조하고 있다(이삼식 외 2010, 298-300). 이러한 정책들은 법제화 이전에 기업에서 이미 추진하고 있는 다양한 형태의 임금과 고용 유연화 전략과 중복되는 부분이 많다. 특히 인력 확보가 힘들고 축적된 경험이 요구되는 분야를 중심으로 정년 후 재고용제도(8.1%), 정년연장형 임금피크제(7.4%) 등을 도입하는 기업들이 꾸준히 늘어나고 있는데, 다만 이러한 고용제도와 임금체계의 확산 속도가 아주 빠르지는 않다(황수경 2012, 105). 2015년 3월 19일 고용노동부가 발표한 「임금피크제 도입 현황 및 분석」 결과에 따르면 2014년 임금결정 현황조사 대상인 종업원 100명 이상 사업장 9,034곳 중 9.4%(849 사업장)만 임금피크제를 시행중이고, 300인 이상 사업장의 도입비율은 13.4%(334 사업장), 300인 미만 사업장은 7.9%(515 사업장)에 머물렀다(변태섭·양진하 2015).

현재 정부가 추진하고 있는 고령자 고용촉진 정책은 정년연장 의무화를 통해서 고령자들에게 양질의 안정적인 일자리를 제공하고 이를 통한 경제적 안정을 확보하는 데 중점을 두고 있다. 동시에 정년연장으로 인한 기업의 인건비 부담을 경감하기 위해서 노동비용을 감축할 수 있는 임금체계 유연화 방안을 제시하고 있다. 이러한 정책들은 인구 고령화를 먼저 경험하고 있는 일본 기업들이 추진하고 있는 고령화 시대의 인적자원 활용전략과 상당히 유사하다. 하지만 일본과 달리 한국에서는 상당수의 중고령 임금노동자들이 정년에 도달하기 이전에 주된 일자리를 떠나는 현실에서 정년연장 의무화가 고령자 고용안정에 어느 정도 효과를 가져올 수 있을지는 아직 불확실하다. 또한 기업이 인건비 부담을 줄이기 위해서 임금에 생산성을 반영하고 유연성을 높이는 방안은 반드시 필요하다. 그렇지만 정부가 주도하고 있는 임금체계 개편 의무화 방안에 노동자와 노동조합의 반발이 심하다는 점은 개별 기업의 상황을 고려하여 노사가 자율적으로 임금체계 개편을 논의하고 추진하는 것이 새로운 제도가 정착할 수 있는 중요한 조건이라고 생각한다.

정년연장과 임금체계 개편 이외에도 적극적 노동시장 정책을 통해서 인구 고령화 시대에 직면한 노동력 부족과 사회복지비용 확대 문제를 해결하고자 노력하고 있다. 주요 선진국의 경우는 고령자에 대한 근로유인을 확대하여 은퇴시점을 늦추고 고령자의 경제활동 참가율을 높이는 다양한 방안을 추진하고 있다(장지연 2003, 145). EU의 경우 고령자 은퇴연령을 늦추는 방법으로 2001년에 55~64세 고령자 취업률을 2010년까지 50%로 향상시키는 것을 목표로 설정하였고, 2002년에는 퇴직연령을 5세 이상 연장할 것을 정책지침으로 제시한 바 있다(민주정책연구원 2015). 또한 2012년을 '활동적 고령화의 해'로 정하고 각 회원국들이 고령자의 고용 및 능력개발 정책을 체계화하는 데 노력할 것을 권장하였다(최지희 2012, 50).

한국의 경우 고령자 고용촉진을 위해서 정부는 2004년부터 노인 일자리 사업을 통해 다양한 정책지원을 실시하고 있는데, 「고령자 고용촉진법」에 따라 2007년부터 5년 주기로 기본계획을 수립하고 있다(이태열 외 2013, 132). 그러나 정부가 주도하는 대다수의 노인 일자리 사업은 직접 일자리 창출에 초점을 맞추고 있기 때문에 고령인구를 위한 양질의 일자리 제공 측면에서는 한계를 보이고 있다. 특히 취약 고령자 일자리 프로그램의 경우 2011년 22만 개의 일자리를 창출했다고는 하지만 임금 수준은 20만 원에 불과하다는 점에서 고용의 질이 높은 일자리를 제공했다고 보기는 어렵다(이태열 외 2013, 134; 지은정 외 2012, 41). 보건복지부에서도 2013년 7월 노후의 경제적 자립과 사회 참여 기회 확대를 목표로 향후 5년간 추진 예정인 노인일자리 종합대 책을 발표하였는데, 노인일자리를 2017년까지 매년 5만 개씩 확충하 고 일자리 참여기간과 보수를 단계적으로 확대하는 것을 주요 내용으 로 하고 있다. 그렇지만 이러한 노인일자리 종합대책이 노동시장 불평 등과 양극화를 해소하고 고용의 질을 향상시킬 수 있을지는 아직은 지 켜봐야 하는 사항이다(이태열 외 2013, 131). 종합적인 고령화 대응전 략인 '제2차 저출산·고령사회 기본계획(2011-2015)'을 통해 정부는 고령자의 고용기회 확대와 소득안정 확보를 강조하였다. 특히 고령자 의 안정적인 고용을 유지하기 위해 고용과 임금을 연동하는 임금피크 제, 정년연장 장려금 지급, 고령자 취업 서비스 확대 등을 중점 정책과 제로 추진하고 노후의 안정적 소득확보를 위해서 연금제도를 정비하 고 확충하였다(손종칠 외 2015, 118-129; 지은정 외 2012). 현재 진행하 고 있는 제3차 계획(2016-2020)을 통해서 이러한 고용전략과 노동시 장 정책에 추가하여 고령자 친화적인 사업 육성 등 경제와 산업 전반 에 대한 구조적인 개혁을 추진하고 있다.

마. 고령화 시대 여성의 노동시장 참여 확대 방안

고령화 시대에 직면하고 있는 노동력 부족과 경제 활력 저하 문제를 해결하기 위하여 고령인력 활성화 방안과 더불어 여성인력의 노동시 장 참여확대 방안이 꾸준하게 논의되어 왔다. 한국의 경우 성별고용률 차이는 OECD 국가와 비교해서 상당히 높은 편이고 청년층 고용률은 현저하게 낮다(강유덕 외 2015, 36).[12] 이러한 낮은 고용률은 고령화시대에 가장 시급하게 해결해야 하는 과제로 떠올랐는데 박근혜 정부는 2013년 6월 '고용률 70% 로드맵' 제안을 통해 2017년까지 고용률을 70%까지 높이는 것을 주요 정책목표로 설정하였다.[13] 이를 달성하기 위해서 남성 고용률 78.1%, 여성 고용률 61.9%, 청년 고용률 47.7%, 중장년 고용률 81.0%, 고령 고용률 68.2% 수준까지 각각 향상시켜야 하지만, 2016년 기준으로 전체 고용률은 65.3%에 머물러 있다(고용노동부, 고용률 70% 로드맵).[14] 앞서 언급했듯이 주요 선진국은 고령화 시대의 부족한 노동력 문제를 해결하기 위해서 노동시장에 참가하지 않는 잠재인력을 활성화하는 방안을 고려해왔다. 그 결과 서유럽 국가들의 경우 여성 고용률은 꾸준히 향상시켰지만, 청년 및 고령층 고용률 개선에서는 아직 뚜렷한 성과를 거두지 못했다(강유덕 외 2015, 44). 급속한 인구 고령화를 경험하고 있는 한국은 현저히 낮은 수준의 여성 노동시장 참가율을 높이는 것을 고용정책과 노동시장의 우선과제로

---

12 한 가지 흥미로운 현상은 여성과 남성 모두 고령층(55~64세)의 경우 고용률(고용/인구 비율)이 1990년에서 2017년 사이에 지속적으로 증가했지만, 청년층(15~24세)의 경우는 남성과 여성 모두 지속적인 감소추세를 보인다. 남성 청년근로자 고용률은 25.7%에서 23.1%, 여성 청년근로자의 고용률은 38.5%에서 30.9%로 감소하였다. 남성 고령근로자의 경우는 고용률이 76.3%에서 80.4%까지 증가하였고, 여성 고령근로자의 경우는 49.4%에서 54.8%까지 증가하였다. 반면 핵심 생산가능인구인 25~54세 경우 남성은 고용률이 92.2%에서 87.7%까지 감소하였지만, 여성은 오히려 53.7%에서 64.5%까지 증가하였다(OECD Stat, Employment). 개인적 수준의 미시데이터가 없어서 구체적인 추론은 불가능하지만 청년노동시장 문제와 더불어 중장년 남성 근로자가 노동시장에서 조기에 떠나고 있다는 사실을 간접적으로 보여주는 자료라고 볼 수 있다.

13 수치상 큰 차이는 없지만 노동시장 참가율이 전체 인구 중에서 취업자와 실업자를 측정하는 비율이라면, 고용률은 전체 인구 중에서 취업자만 포함하는 개념이다.

14 한국의 경우는 OECD 평균(2018년 기준 5.3%)보다는 낮은 실업률(2018년 기준 3.8%)을 보이고 있지만, 고용률(2018년 기준 66.6%) 역시 OECD 평균(68.4%)보다는 낮다(OECD Data, Unemployment rate; OECD Data, Employment rate).

추진해 왔지만, 이를 위해서는 한국 여성노동시장의 구조적 문제점을 진단하고 이에 대한 해결책을 제시해야 한다.

첫째, 'M자형 곡선'으로 대표되는 결혼, 출산, 육아로 인한 여성의 노동시장 경력단절은 한국 여성노동시장의 가장 심각한 구조적 문제점 가운데 하나로 지적되고 있다. 경력단절을 경험한 여성들이 30대 후반 또는 40대 초반 노동시장으로 복귀할 때 대다수는 고용이 불안하고 임금이 낮은 비정규직 일자리를 구할 가능성이 높다. 이러한 고용구조의 문제점은 성별 임금격차에 주요 원인이다. 한국은 OECD 국가 중에서 성별 임금격차가 가장 높은데 2017년 기준으로 34.6%로 OECD 평균 13.5% 보다 두 배 이상 높았다(OECD Gender equality).[15] 그리고 한국 노동시장에서는 대다수 비정규직 노동인력이 사회복지제도 혜택을 제대로 받지 못한다는 점을 고려한다면 이들의 고령화가 진행되면서 복지의 사각지대 문제가 중첩되어 나타날 수 있다. 따라서 여성인력의 고용촉진에 못지않게 여성인력의 고용유지가 고령화 시대의 주요 정책과제로 주목받고 있다. 그리고 한국에서는 고학력 여성들이 결혼, 출산, 육아 이후 노동시장에 재진입해 불안정한 저임금 일자리에 종사하기보다는 가정과 육아를 선택하는 경향이 높다. 이는 고학력 여성인력을 충분히 활용하지 못한다는 문제점을 드러내고 있는데 여성의 경력단절을 막기 위해서 다양한 정책지원과 제도변화를 통해 이들이 일과 가정을 양립할 수 있는 방안을 마련하는 것이 필요하다(저출산고령사회위원회 2015).

둘째, 앞서 언급한 경력단절 현상과도 관련이 있는데 한국의 장시간 근로문화와 노동조건은 일과 가정 양립을 추구하는 여성들에 극

15　성별 임금격차는 남성근로자의 중위수준을 기준으로 측정하였다.

복하기 어려운 과제로 자주 지적된다.[16] 이러한 문제를 해결하기 위해
정부는 근로형태와 근로시간 유연성 확대를 통해서 여성인력의 노동
시장 참여확대를 적극적으로 추진하고 있다(이재홍 2014, 121-122).
2000년대 초반 이후 정부는 다양한 정책지원을 통해 여성의 노동시
장 참가율을 높이고자 노력해왔다. 보육정책과 관련한 정부예산은 빠
른 속도로 증가하였고 각 선거에서 정당과 정치인들이 주요 정책공약
으로 제시하였다. 특히 2002년 대통령 선거를 계기로 보육정책이 매
선거마다 주요한 정책대결의 이슈로 주목받고 있다. 노무현 정부는 대
통령 인수위원회 준비 과정에서부터 보육정책 확대를 적극적으로 추
진하였고 이를 통해서 한국의 저출산 문제를 해결함과 동시에 여성들
의 노동시장 참가율을 높이고자 하였다(Song 2012, 220-222). 앞서 설
명했지만 노무현 정부는 저출산·고령화 문제를 해결하기 위해서 2004
년 2월 '대통령자문 고령화 및 미래사회위원회'를 설치하였고, 2006년
'제1차 저출산·고령사회 기본계획(2006-2010)'을 발표하였다. 이러한
1차 기본계획의 정책과제 중에서 노무현 정부는 저출산 문제에 예산의
59%, 고령인구 문제에 22%, 성장동력 문제해결에 19%를 배정함으로
써 우선순위를 저출산 해결에 두었다는 점을 명확히 하였다(조병구 외
2007, 66-67).

또한 2000년대 초반 이후 다양한 여성정책 수립을 통하여 여성인
력의 고용유지와 촉진에 꾸준한 노력을 기울였다. 여성정책은 저출산·
고령화 시대의 노동력 부족을 해결하기 위한 방안으로 고려되었을 뿐

---

16 한국 근로자는 (2018년 기준) 연평균 2,005시간을 근무하는 것으로 나타났는데 이는
OECD 평균 근로시간인 1,734보다 아주 높은 수준이다. 멕시코 근로자의 연평균 노동시
간 2,148을 제외하면 OECD 국가들 중에서 가장 장시간 근로를 하는 국가라는 것을 알
수 있다(OECD Stat, Average annual hours actually worked per worker).

만 아니라 성장잠재력을 확보하는 중요한 전략으로 인식되었다(Song 2016, 569-570). 이를 위해 직장에서 양성평등 확보를 위한 적극적 고용개선조치, 근로형태와 근로시간 유연성을 높이기 위한 유연 근무제와 시간선택제를 중점 과제로 추진하였다(송창용·성양경 2010; 이주희 2011). 특히 박근혜 정부는 '고용률 70% 달성'을 위한 핵심과제로 '시간제 일자리 확충'을 주요 정책과제로 추진하였다. 2013년 정부발표에 따르면 향후 5년간 240만 개의 일자리를 늘리는데, 이 중 38%에 달하는 93만 개 일자리를 시간제 일자리로 채우겠다는 구상을 제시하였다. 그리고 비경제활동인구 활성화를 위해서 2014년 청년노동시장 정책, 여성고용정책, 저소득층 대상의 일을 통한 복지확충을 지속적으로 추진하였다(이재홍 2014, 116-117). 이를 통해서 노동시장에서 제대로 활용되지 못하고 있는 여성과 청년 고용률을 높이고 인구 고령화 시대에 적극적으로 대응하고자 노력하였다(강유덕 외 2015, 48; 안주엽 외 2013, ii).

인구 고령화 시대 생산인구 감소와 경제 활력 저하를 대처하기 위해서 우선적으로 노동시장의 불평등과 양극화를 해소하고 근로문화 개선을 통한 유연한 근무형태 도입과 장시간 근로를 줄이는 것이 필요할 것이다. 특히 여성의 경우는 일과 가정을 양립할 수 있는 근무조건과 시간 활용을 통해서 경력단절을 예방하고 이들이 노동시장에 지속적으로 참여할 수 있도록 지원하는 것이 중요하다. 그동안 다양한 가족정책, 여성정책, 일·가정 양립정책이 추진되면서 여성들의 노동시장 참가는 꾸준히 늘어나고 있다. 그렇지만 대다수의 중소기업 근로자와 비정규직 근로자의 경우 이러한 혜택을 사실상 거의 받지 못하고 있다. 여성들의 고용확대와 고용유지를 위해서 새로운 제도들이 도입되는 것뿐만 아니라 기존의 제도들이 잘 정착하고 운영될 수 있는 방안

역시 고려해야 할 것이다.

바. 정책적 함의 및 결론

한국의 급속한 인구 고령화를 고려한다면 이에 대처할 수 있는 시간적 여유가 많지 않다. 고령화 속도를 늦출 수 있는 근본적인 방법으로는 저출산 문제 해결을 통해 유소년 인구 비중을 빠른 속도로 늘리거나 이민정책 확대를 통해서 젊은 외국인 노동인력을 받아들이는 것을 고려할 수 있다. 하지만 저출산 문제를 해결하는 것은 주요 선진국 사례를 통해서 파악할 수 있듯이 단시간 내에 해결하기 어려운 과제이며 이민정책을 통한 고령화 해결방안은 단순한 경제적 관점이 아니라 정치사회적 논의와 합의과정을 거쳐야 하는 부분이라서 쉽게 선택할 수 있는 전략은 아니라고 판단된다.

현실적으로 고려할 수 있는 방안으로 본 연구에서는 고용정책과 노동시장 제도변화를 통한 대응전략을 제안하고자 한다. 한국은 이미 저성장 시기로 접어들었고 앞으로 더욱 급격한 인구 고령화에 직면하게 될 것이다. 이러한 인구구조 변화에서 발생하는 생산가능인구 감소, 사회복지비용 확대로 인한 재정위기, 경제 활력 저하 등의 문제를 해결하기 위해서는 고령인력과 여성인력의 적극적 활용방안을 고려해야 한다. 중장기적으로는 공적연금 수급확대를 통해 고령자들이 은퇴후 경제적인 안정을 확보하는 것이 필요하다. 하지만 동시에 현재 추진할 수 있는 과제로 고령자의 고용촉진과 고용의 질 향상에 많은 정책적 노력을 기울여야 한다. 고령인력 활성화 방안의 경우 이미 많은 수의 고령자가 노동시장에 참여하고 있지만 이들이 종사하고 있는 일자리는 경제적 안정을 제공하기에는 아주 열악하다. 따라서 고용의 질을 향상시키고 기본적인 사회안전망 확충을 통해 고령자들이 안정적인 소득과 삶의 질을 누릴 수 있도록 해야 할 것이다. 여성인력의 경우 고용을 촉진함과 동시에 이들의 경력단절 예방과 고용유지를 위한 다양한 방안을 고려해야 할 것이다. 그동안 가족정책, 일·가정 양립정책, 양성평등 정책 등을 통해서 여성의 노동시장 참가율은 계속 높아져 왔지만, 여전히 고학력 여성인력의 역량은 제대로 발휘되기 어려웠다. 이들에 대한 적극적 활용이 없다면 인구 고령화 시기의 나타나는 생산인력부족과 성장동력 저하 문제를 제대로 대처하기란 상당히 어려워 보인다.

이러한 노동시장과 고용정책을 활용한 고령화 대응전략과 더불어 경제와 산업구조 전반에 대한 개편작업을 통해서 인구 고령화에 대한 적극적인 대비책이 필요할 것이다. 세계 최고령 국가인 일본에서는 '건강입국(健康立国)'이라는 슬로건하에 건강보험과 의료관련 산업 지원에 정책 우선순위를 두고 있다. 특히 ICT와 의료산업 결합을 통한 의료서비스 산업 발전, 의약품 및 의료기술 개발 전략 등을 중심으로 인구 고령화를 새로운 산업발전과 경제부흥의 기회로 삼고 있다(首相官邸 2016, 68-78). 노무현 정부 이후 현재 박근혜 정부에 이르기까지 세 차례에 걸쳐서 저출산·고령화 기본계획이 지속적으로 추진되었지만 기본계획에 포함되어 있는 다양한 정책들은 인구변화에 대한 종합적인 전략이라기보다는 각 정부 부처의 개별적인 중점 추진과제들이 나열되어 있는 성격이 강했다. 인구 고령화라는 중차대한 도전과제를 다루는 데 있어서 보다 종합적이고 포괄적인 대응정책 수립이 필요한 시점이다. 현재 문재인 정부에서는 저출산 정책 컨트롤타워로서 '대통령 직속 저출산고령사회위원회' 위상 및 역할 강화를 통한 근본적

인 해결책 마련에 주목하고 있지만 정책성과는 향후 지켜봐야 할 부
분이다.

참고문헌

국문자료

강유덕·오태현·이현진·이철원·김준엽. 2015.『저성장시대의 고용확대 정책: 유럽 주요국
　　　사례 및 실증분석을 중심으로』. 대외경제정책연구원.

고용노동부. 2014.『정년 연장 관련 정부 지원 안내서』. 고용노동부.

____. 고용률 70%로드맵(http://www.employment70.go.kr/main/Main.do, 검색일: 2017년
　　　1월 3일)

김기평. 1996. "산아제한 35년 만에 폐지―신인구정책 청와대보고." 『중앙일보』(6월 5일).

김복순. 2016. "2016년 고령층(55~79세) 노동시장 특징." 『월간 노동리뷰』, 12월호, 50-65.

대통령기록관. n.d. (http://pcpp.pa.go.kr/pcpp/jsp/commit/t_commit_read7.jsp, 검색일:
　　　2017년 1월 2일)

대한민국 정부. 2010.『제2차 저출산·고령사회 기본계획(2011-2015)』. 대한민국 정부.

민주정책연구원. 2015. "고령자 정책의 패러다임 전환: '의존적' 관점에서 '활동적
　　　생산적'관점으로." 『이슈브리핑』 2015-01호.

박성준. 2004. "고령자 고용에 관한 연구―임금근로자를 중심으로." 『고령화의 경제적
　　　파급효과와 대응과제』. 이수희 외. 169-208, 한국경제연구원.

방하남·신동균·김동헌·신현구. 2005.『인구 고령화와 노동시장 변화 및 노동정책과제』.
　　　한국노동연구원.

방하남·이다미. 2015. "동아시아의 인구고령화와 노동시장의 변화." 『한국인구학』제38권
　　　제4호, 1-32.

변태섭·양진하. 2015. "'60세 정년' 내일인데…임금피크제 찬밥 신세." 『한국일보』(3월 19일).

안주엽·배규식·김기선·김향아·허윤회·오상훈. 2013.『양질의 시간제 일자리 창출
　　　고용영향평가 연구』. 한국노동연구원.

오영희·박승희·구성열·김경철·이인재·이견직·권오정·김경래. 2008.『저출산고령사회관련
　　　주요현안 및 대응방안 연구』. 한국보건사회연구원: 저출산고령사회연구센터.

이주희. 2011. "정규직 시간제 일자리 도입의 전제조건과 정책과제." 『월간 노동리뷰』 3월호,
　　　21-26.

이삼식 외. 2010.『2010 향후 5년 저출산 고령화 핵심과제』. 보건복지부/한국보건사회연구원.

이재흥. 2014. "최근 고용 동향과 2014년 일자리 정책 방향." 『The HRD Review』제17권
　　　제2호, 112-125.

이태열 외. 2013.『고령화 리뷰』. 보험연구원.

손종칠 외. 2015.『인구고령화에 따른 노동력 재편방향 연구』. 기획재정부 학술연구 용역사업.

송창용·박보경. 2011. "고령화 시대의 이슈와 정책과제." 『The HRD Review』제14권 제4호,
　　　7-35.

송창용·성양경. 2010. "여성 유망 일자리 창출 방안." 『The HRD Review』제13권 제1호, 35-

49.

장지연. 2003. 『고령화시대의 노동시장과 고용정책 (I)』. 노동연구원.

저출산고령사회위원회. 2015. "보도자료"(12월 9일).

정구현. 2000. "한국의 출산력 추이 및 전망." 『통계연구』 가을호, 1-21.

정성미. 2011. "고령자 노동시장의 구조변화." 『월간 노동리뷰』 10월호, 70-91.

조병구·조윤영·김정호. 2007. 『출산지원정책의 타당성 및 지원효과 분석』. 한국개발연구원.

지은정·배준호·이정우·권문일·김혜란·최영준·하세윤. 2012. 『선진자본주의 국가의
  중고령자 고용 및 사회보장정책 연구』. 한국노인인력개발원.

최병호. 2015. "우리나라 복지정책의 변천과 과제." 『예산정책연구』 제3권 제1호, 89-129.

최지희. 2012. "이슈분석: 고령화 시대의 고령자 능력개발 정책 개선 방안." 『The HRD
  Review』 제15권 제3호, 50-75.

통계청. 2015. "2015 고령자 통계." 보도자료(9월 24일).

____. 2018a. "2017 인구주택총조사." 보도자료(8월 27일).

____. 2018b. "2018 고령자 통계." 보도자료(9월 27일).

한국경영자총연합회. 2015. KEP e매거진 (http://emagazine.kef.or.kr/archives/8964,
  검색일: 2017년 1월 3일).

황수경. 2012. 『베이비붐 세대 이행기의 노동시장 변화』. 한국개발연구원.

한국개발연구원. 2006. 『양극화 극복과 사회통합을 위한 사회경제정책 제안』. 한국개발연구원.

e-나라지표, 기대수명(0세 기대여명) 및 유병기간 제외 기대수명(건강수명)(https://
  www.index.go.kr/potal/info/idxKoreaView.do?idx_cd=2758, 검색일: 2019년 8월
  27일).

OECD. 2004. 『한국의 고령화와 고용정책』. Paris: OECD.

____. 2011. 『한국의 성장과 사회통합을 위한 틀』. Paris: OECD.

____. 2016. 『한국경제보고서』. Paris: OECD.

영문자료

Brinton, Mary C., and Dong Ju Lee. 2016. "Gender-Role Ideology, Labor Market
  Institutions, and Postindustrial Fertility," *Population and Development Review* 42
  (3): 405-433.

Holliday, Ian. 2000. "Productivist Welfare Capitalism: Social Policy in East Asia," *Political
  Studies* 48: 706-723.

Japanese Statistics Bureau. 2017. *Statistical Handbook of Japan 2017*, Tokyo: Japanese
  Ministry of Internal Affairs and Communications.

Kinoshita, Yuko, and Fang Guo. 2015. "What Can Boost Female Labor Force
  Participation in Asia?" *IMF Working Paper*: 15/65.

Miura, Mari. 2012. *Welfare Through Work: Conservative Ideas, Partisan Dynamics, and
  Social Protection in Japan*, Ithaca: Cornell University Press.

Organisation for Economic Cooperation and Development (OECD). 2013. *Health at a*

122

Glance 2013, Paris: OECD.

Organisation for Economic Cooperation and Development (OECD). 2015. *Health at a Glance 2015*, Paris: OECD.

Organisation for Economic Cooperation and Development (OECD). 2016. *Employment Outlook 2016*, Paris: OECD.

OECD, Ageing and employment policies-Statistics on average effective age of retirement, "Download the average effective age of retirement versus the normal age in 2014 in OECD countries." (https://www.oecd.org/els/emp/ageingandemploymentpolicies-statisticsonaverageeffectiveageofretirement.htm, 검색일: 2019년 8월 28일)

OECD Data, Elderly population (https://data.oecd.org/pop/elderly-population.htm, 검색일: 2019년 8월 15일)

OECD Data, Employment rate (https://data.oecd.org/emp/employment-rate.htm, 검색일: 2019년 8월 28일)

OECD Data, Self-employment rate (https://data.oecd.org/emp/self-employment-rate.htm, 검색일: 2019년 8월 27일).

OECD Data, Unemployment rate, (https://data.oecd.org/unemp/unemployment-rate.htm, 검색일: 2019년 8월 28일).

OECD Fertility rates (https://data.oecd.org/pop/fertility-rates.htm, 검색일: 2019년 8월 25일)

OECD Gender equality (https://data.oecd.org/earnwage/gender-wage-gap.htm, 검색일: 2019년 8월 28일).

OECD Stat, Average annual hours actually worked per worker, https://stats.oecd.org/Index.aspx?DataSetCode=ANHRS, 검색일: 2019년 8월 28일).

OECD Stat, Employment: Employment/population ratio, by sex and age group (http://stats.oecd.org/index.aspx?queryid=54742, 검색일: 2019년 8월 28일).

OECD. Stat, LFP by sex and age-indicators (https://stats.oecd.org/Index.aspx?DataSetCode=LFS_SEXAGE_I_R, 검색일: 2019년 8월 26일)

Song, Jiyeoun. 2012. "The Politics of Family Policies in Korea," *Korea Observer* 42 (2): 209-231.

Song, Jiyeoun. 2016. "Activating Women in the Labor Market: The Development of South Korea's Female-Friendly Employment and Labor Market Policies," Korea Observer 47 (3): 559-596.

일본어 자료

首相官邸. 2016. 『日本再興戦略2016-第4次産業革命に向けて』 (http://www.kantei.go.jp/jp/singi/keizaisaisei/pdf/2016_zentaihombun.pdf, 검색일: 2017년 1월 29일).

2

고령화 · 저성장 · 양극화 시대의
청년정치 부상 가능성[*]

최태욱(한림국제대학원대학교)

[*] 이 장은 본서의 출간에 앞서 『민주사회와 정책연구』 통권 31호(2017년)에 같은 제목으로 게재된 필자의 논문을 일부 수정한 것임을 밝힙니다.

가. 들어가는 말

한국은 현재 고령화, 저성장, 양극화 등의 주요 사회경제 문제들이 서로 악순환 관계를 형성하며, 다양한 차원과 수준에서 사회구성원들 간의 갈등을 무한히 확대, 심화, 재생산시켜가고 있는 매우 심각한 상황에 처해 있다. 최근에는 이미 만성화되다시피 한 노사 및 빈부 갈등 등에 더하여 이른바 '신종' 사회갈등이라 할 수 있는 세대 간 갈등마저 첨예화할 조짐을 보이고 있다.

시장에서의 '1차 분배과정'에서 임금수준과 고용조건 등을 둘러싸고 벌어지는 청년세대와 장년 및 노년 세대 사이의 갈등과 대립이 사회문제로 떠오른 것은 이미 오래전의 일이다. 이제 그에 더하여, 아직은 그 정도가 비교적 덜 하긴 하지만, 조세 및 복지 정책 등을 놓고 나타나는 '2차 분배과정'에서의 갈등 문제 역시 점차 심각해져가고 있다. 이처럼 개개인의 삶의 질을 결정하는 분배 및 재분배 정책에 대한 민감도가 모든 세대에 걸쳐 높아져가면서 세대 간의 정치 선호 차이, 정확히 말하자면, 정당정치에 대한 선호 차이 역시 점점 더 뚜렷해져가고 있다. 이른바 '세대정치'의 부상 조짐인 것이다.

이 세대정치의 부상 움직임은 종국에 한국 정당체계의 실질적 변화로까지 이어질 것인가? 그렇다면, 그 변화는 과연 어느 방향으로 어느 정도까지 진행될 것인가? 요컨대, 유력한 청년정당이 부상할 수 있을까? 본 연구에서 다루고자 하는 핵심 주제들이다. 지금까지의 관찰에 의하면, 세대정치의 부상은 주로 청년세대에 의해 추동되고 있다. 좋은 일자리는 계속 줄어드는데 고령화에 따른 복지 부담은 줄곧 늘기만 한다는 상황 인식, 보다 일반화하여 말하자면, 분배 및 재분배 상황이 점점 더 자신들에게 불리한 방향으로 가고 있다는 인식이 청년들 사이에 확산되면서 이 '세대 간 불평등 문제' 혹은 '청년 문제'는 결국 정치적 해법으로 풀어야 한다는 주장이 힘을 얻고 있기 때문인 듯하다. 본 연구를 '청년정치의 부상 가능성'을 중심에 놓고 진행한 이유이다.

어쩌면 청년세대의 불만과 반발, 그리고 정치적인 집단행동은 한국의 정당체계 자체를 전체적으로 좌향으로 이동하게 할 수도 있다. 경제민주화와 복지국가의 강화가 청년 문제의 궁극적 해법이라는 사회적 공감대가 형성되어 그 실현이 정치권 전체의 시대적 과제로 정착될 경우 유력한 좌파정당의 출현은 물론 중도나 보수 정당의 좌클릭도 충분히 기대할 수 있는 일이기 때문이다. 그러나 그게 이루어지지 않을 경우, 그 반대편으로의 변화도 가능하다. 고령화와 저성장이 양극화를 심화시키고, 그것이 다시 청년층을 포함한 사회경제적 약자들의 취약성을 증폭시킴으로써 내향성, 사회적 극단주의, 우파 민족주의 등의 경향을 부채질할 수도 있기 때문이다. 과연 한국의 정당정치는 어느 쪽으로 변화해갈 것인가? 우리의 미래가 달린 문제가 아닐 수 없다.

아래 나)절에서는 우선 고령화, 저성장, 양극화 문제 등으로 몸살을 앓고 있는 한국 사회에서 세대 간 불평등 문제는 또 어떠한 양상으로 벌어지고 있는지를 청년의 입장에서 개괄해본다. 여기서는 특히, 1차 및 2차 분배시장에서 청년들이 겪고 있는 어려움을 간략히 정리한 후, 그 어려움의 상당부분이 소위 '노인정치(gerontocracy)'의 위력에 따른 세대 불균형적 분배 정책의 소산임을 밝힌다. 그러한 불균형 정책의 장기화는 청년세대의 저항과 반발을 야기하기 십상인바, 다)절에서는 그것이 청년정치의 부상, 그리고 나중에는 정당체계의 변화로까지 이어진 이탈리아와 스페인의 경우를 살펴보며 한국 청년의 불만은 과연 어느 단계에까지 와 있는지를 논의한다. 라)절에서는 그 논의를 받아 한국에서의 청년정치 부상 가능성을 본격적으로 따져본다. 결론을 먼저 말하자면, 한국에서 청년정치의 수요가 증대한 것은 분명한 사실이나 그것이 정당체계의 유의미한 변화로까지 이어질 가능성은 매우 낮다는 것이다. 그 핵심 원인은 제도 조건의 미성숙이라고 진단한다.

나. 고령화·저성장·양극화 시대의 세대갈등

지금의 20대 한국 청년이 비교적 안정적 삶을 영위하기 위해선 물려받은 재산이 넉넉한 게 아니라면 반드시 대기업 정규직 사원이나 공무원 또는 전문직 종사자가 돼야한다. 그런데 20대 동년배의 각 그룹에서 그리될 수 있는 사람은 20% 정도에 불과하다.[1] 그 나머지인 80%에 해당하는 절대다수의 젊은이들은 (설령 실업자가 아닐지라도,[2] 대기업 정규직 평균 임금의 절반 정도의 돈을 받고 대기업 비정규직 혹은 중소기업 사원으로 일하거나, 또는 자영업자로 위태롭게 서서) 평생을 불안하고 심지어는 구차하게 살아갈 수밖에 없는 구조이다. 게다가 그러한 삶은 십중팔구 그들의 자식세대에까지 이어진다. 신분제 사회로 전락하고 있다는 평가가 단순한 과장에 불과하다고만은 할 수 없는 것이다.

이 시대의 수많은 청년들이 현재의 가난과 미래의 불안으로 인해 사랑과 결혼과 출산을 포기한다는 건 실제 상황이다. 1955년부터 1963년 사이에 태어난 약 900만 명의 인구집단을 지칭하는 '베이비붐 세대'의 경우 25세 이전에 결혼한 사람들의 비중은 54.5%였으나, 1979년부

---

1   관련 통계는 최태욱(2014, 13) 참조.
2   그런데, 사실 청년실업 문제는 매우 심각한 지경에 와 있다. 구직 포기자까지 합치면 2013년에 이미 실제 청년실업률은 20%가 넘었을 것으로 분석되고 있다(박종훈 2015, 187).

터 1992년 사이에 태어난 약 950만 명의 인구집단인 '에코붐 세대'의 경우는 겨우 8.3%에 불과했다. 출산율의 하락 역시 심각한 수준이다. 베이비붐 세대의 합계 출산율은 2.04명이었으나, 에코붐 세대는 그 절 반 수준인 1.1명이다.[3] 참고로, 2012년 보건복지부가 발표한 '저출산· 고령화에 대한 국민의식 조사'에선 응답자의 84%가 "자녀 양육비와 교육비 부담"(60%) 혹은 "소득과 고용 불안정 때문"(24%)에 더 이상 아이를 낳지 않았다고 대답했다. 결국 저출산 문제는 돈 문제라는 것 이다.[4]

한국에서 "에코붐 세대는 사회에 진출하기도 전에 빚더미를 떠안 은 최초의 세대다"(박종훈 2015, 104). 2005년엔 학자금 대출을 받은 학생 수가 18만 명이었지만, 2011년에는 그 수가 무려 7.5배 이상 늘어 난 136만 명이었다. 그 많은 청년들이 그렇게 빚을 안고 4년제 대학을 졸업해도 소위 '좋은 일자리'를 구하는 사람은 상기한 바와 같이 20% 미만에 불과하다. 학자금 대출을 갚기 힘들어 늘 우울하게 사는 청년, 그러다 결국 신용불량자로 전락하고 마는 청년들이 계속해서 늘어만 가고 있는 이유이다.

그러니 한국의 상당수 청년들은 소위 '캥거루족'이 되어 살아가고 있다. 독립할 나이가 됐음에도 경제적 능력이 부족해 부모에게 의지해 서 사는 사람들을 캥거루족이라고 부르는데, 2016년의 한 조사에서는 스스로 캥거루족이라고 답한 사람이 전체 20대 응답자의 59.3%에 달 했다(SBS 뉴스 2016/10/25). 변변한 직장을 찾기는 어려운데 빚은 줄 지 않으니 결혼해 나가서 애기를 낳아 기르기는커녕 부모에 얹혀살면

---

3 한국은 2018년도에 OECD 36개 회원국 가운데 합계출산율이 1명 미만(0.98명)인 유일 한 나라가 되었다(동아일보 2019/8/29).

4 박종훈(2015, 100–106) 참조.

서 용돈까지 받아 쓰는 청년들이 늘어만 가고 있는 것이다.

2015년 현재 우리나라 20대 청년들의 세전소득 평균은 2673만 원이다(YTN 뉴스 2016/10/5). 세후로 하면 월 평균 200만 원이 채 안 되는 소득이다. 그걸로 예컨대, 월세 40만 원 내고, 학자금 대출 상환 30만 원 하고, 식비로 40만 원 쓰고, 각종 공과금 10만 원 납부하고, 통신비 10만 원에 교통비, 경조사비, 기타 용돈 등을 다 쓰고 나면, 저축할 수 있는 돈은 거의 남지 않는다. 비교적 괜찮은 직장을 갖고 있는 평균적 청년일지라도 (캥거루족으로 계속 살 게 아니라면) 결혼이나 출산은 한참 뒤로 미루거나 아예 포기하는 게 합리적이라고 할 수 있는 상황인 것이다.

만약 선진 복지국가에서처럼 한국의 젊은이들도 자신을 위한 주거비와 교육비, 그리고 아기를 낳았을 경우의 육아와 보육비 등을 별로 걱정하지 않아도 된다면 상황은 크게 달라진다. 자신들이 원하기만 한다면 언제든 부모로부터 독립하여 그리 어렵지 않게 대학도 다니고, 결혼도 하고, 아이도 낳을 수 있을 것이다. '시장 임금(market wage)'은 충분히 많이 받지 않을지라도, 이른바 '사회적 임금(social wage)'을 주거, 교육, 보육 복지 등의 형태로 상당히 많이 받을 수 있기 때문이다.[5]

그런데 한국의 주거비, 교육비, 그리고 보육비 등의 민간 부담금 비중은 각기 OECD 회원국 가운데 가장 높은 수준이다. 이제 막 사회로 나간 젊은이들도 일상적 삶에 필요한 거의 모든 서비스를 대부분 자기 돈으로 사거나 마련해야 한다는 것이다. 복지국가 발전 수준이 OECD 최하위에 속하는 나라에 사는 탓이다. 그러니 세계 최고 수준이

---

5   유럽 선진 복지국가들의 청년들이 부모 등 타인의 도움 없이도 어떻게 그리 쉽게 대학 교육을 받고, 결혼하고 아기를 낳을 수 있는지에 대해서는 최태욱(2014, 207–241)의 "유러피안 드림" 참조.

라는 그 비싼 주거비와 교육비, 그리고 보육비 등을 어떻게 스스로 감당해내며 독립하고, 결혼하고, 출산할 수 있겠는가. 그런데도 한국의 정당과 정치인들은 저출산·고령화 시대의 저성장과 양극화 문제가 매우 심각하다는 말은 자주 하면서도, 그 문제 해결의 근본 대책이라 할 수 있는 유아, 어린이, 청년 등을 위한 복지 강화를 위해서는 별 노력을 기울이지 않고 있다. 반면, 아래에서 자세히 보겠지만, 노인복지만큼은 계속 확대하고 있다.

사실, 노인복지가 청년이나 가족 복지에 비해 과다 제공되는 현상은 고령화가 진행된 많은 국가들에서 흔히 목격되는 현상이다. 대표적인 나라는 널리 알려져 있듯 일본이다. 일례로, 2009년도에 일본 정부가 아동 및 가족 복지에 쓴 돈은 GDP의 0.96%였다. 그러나 비슷한 시기 일본의 노인복지 지출은 GDP의 8.9%에 달했다. 아동과 가족 복지에 쓴 돈의 무려 9배를 노인복지를 위해 "쏟아 부은" 것이다(박종훈 2015, 110).

복지정책의 노인 편중 현상은 미국도 만만치 않다. 미국은 OECD 국가 중 가장 공공성이 떨어지며 가장 비싼 의료체계를 유지하고 있는 나라로 악명 높다. 비교적 최근에 오바마 정부가 (미약하게나마) 의료보험체계를 개혁하기 전에는 5000만 명 이상의 미국 시민들이 아무런 의료보험도 들지 못한 채 살아왔다. 몸이 심하게 아파도 돈이 없어 병원을 못 가는 어린이와 청년들에 관한 슬픈 이야기는 언제나 차고 넘쳤다. 그러나 65세 이상의 노인들만은 의료복지에 관한 한 이미 1960년대 중반부터 선진 복지국가의 삶을 영위하고 있었다. 노인들을 위한 보편적 공공의료복지체계인 메디케어(medicare) 덕분이었다. 미국 정부는 매년 이 메디케어에 천문학적인 액수의 예산을 투입해왔다.

아마도 임기 중 메디케어 등의 노인복지 예산을 가장 큰 폭으로 늘린 미국 대통령은 소위 '아들 부시'일 텐데, 그는 그 예산 증대분만큼 세금을 더 거두기는커녕 오히려 감세정책까지 단행하였다. 그 가운데 양도소득세와 배당소득세의 과감한 인하는 당연히 자산 보유자인 장년층과 노년층의 대대적인 환영을 받는 조치였다. 그러나 노인복지의 대폭적 확대와 자산세의 획기적 인하가 의미하는 것은 국가부채의 급속한 증대였다. 부시 대통령이 퇴임한 2009년도의 미국 국가부채는 10조 달러였는데, 그것은 취임 직전에 비해 1.75배나 늘어난 액수였다. 아들 부시가 매우 심한 편이기는 했지만, 레이건 이후의 미국 역대 대통령들은 모두 노인복지는 줄기차게 늘리면서 그에 상당하는 만큼의 세금인상 조치는 취하지 않았다. 그러니 결국은 언젠가 청년세대가 갚아야 할 국가부채는 계속 늘기만 해왔다. 미국의 GDP 대비 국가채무비율은 일본, 영국, 프랑스 등과 더불어 세계 최고 수준이다. 그런데도 오바마의 후임자인 트럼프 대통령은 다시 상속세 폐지, 법인세 대폭 감세, 최상위층 소득세 인하 등 엄청난 감세정책을 약속했다. 누군가의 지적처럼, "(미국의) 각 세대는 자신들이 부담해야 할 세금의 상당 부분을 (계속) 미래 세대에게 떠넘기고 있다… 미국 행정부는 사실상 거대한 폰지 사기(피라미드 사기) 행각을 벌여"온 것이다(Kotlikoff and Burns 2012, 63).

국가부채 외에도 미국 청년들은 노후연금 분담액 증가도 걱정해야 한다(박종훈 2015, 75-77). 1950년까지는 은퇴 노인 1명을 부양하기 위해 근로세대 16명이 사회보장세를 나누어내면 됐다. 그런데 2003년에는 급격한 고령화로 인해 근로세대 3명이 노인 1명을 부양해야 했다. 지금의 추세대로라면, 2030년에는 근로세대 2명이 노인 1명을 맡아야 한다. 청년들이 내야 할 사회보장세는 그렇게 급격히 늘어가고 있는데, 정부는 그런 청년들을 도와줄 생각이 별로 없는 것 같다. 2007년

도 기준으로 미국 정부가 노후연금 및 노인의료복지에 쓴 예산은 GDP
의 13.2%였으나, 근로세대의 소득보조로 쓴 돈은 고작 GDP의 2%밖
에 되지 않았다.

이 같은 세대 불균형적 분배 정책은 일본과 미국만이 아니라 그리
스, 이탈리아, 스페인 등의 유럽 국가들에서도 비슷한 양상으로 전개돼
왔다. 그리고 그 중의 몇 나라에서는 심각한 정도의 세대갈등이 빚어지
기도 했다. 한국에서도 분배정책의 노인 편중 현상이 점점 심해지면서
목하 그러한 세대갈등의 싹이 트고 있는 듯하다.

한국의 청년복지는 OECD 최하위 수준이며, 미국보다도 약하다.
위에서 본 것처럼, 미국은 그래도 근로세대의 소득보조로 GDP의 2%
를 지출하지만 한국은 고작 0.8%만을 쓰고 있다. 하지만, 박근혜 정부
의 몇 안 되는 대선공약 이행 사항 중의 하나가 기초노령연금을 최고
20만 원까지로 올려놓은 거라는 것이 시사하듯, 한국의 역대 정부들은
노인복지만큼은 줄곧 강화해왔다. 2014년도 정부예산을 보면 세대 간
차별을 한눈에 감지할 수 있다. 그해 노인 관련 예산은 약 6조 3천억
원이었으나 청년 관련 예산은 1조 3천억 원에 불과했다(이재경·장지연
2015, 25). 고령화의 급격한 진행으로 앞으로는 노인복지에 들어가는
예산이 더 큰 폭으로 늘어날 전망이다. 따지고 보면, 그렇게 늘어나는
부담은 결국 청년세대의 몫이다. 그런데 바로 그 청년들을 위한 복지는
그토록 낮은 수준에 묶어놓고만 있는 것이다.

지금의 국민연금 구조를 보더라도 한국의 세대갈등은 불가피한
것임을 알 수 있다. 2013년도 국민연금연구원 보고서에 의하면, 2008
년 현재 80세인 국민연금 가입자는 향후 자신이 낸 돈의 10.8배를 국
민연금으로 받는다. 그러나 60세는 3.6배, 40세는 2.2배, 18세는 2.0
배로 납부자의 나이에 따라 연금 수령액은 계속 떨어진다(최기홍 외

2012). 연평균 수익률의 관점에서 보면, 80세인 납부자는 엄청난 수익률인 47.9%를 기대할 수 있는 것이다. 그러나 60세는 16.8%, 40세는 8.2%, 18세는 6.5%로 점점 급격히 낮아진다. 젊을수록 크게 불리해지는, 결국 "청년세대의 호주머니를 털어서 노후연금을 지급하는" 구조라는 것인데, 이 구조를 2060년까지 그대로 둔다면, 미래세대는 연금 보험료만으로 자기 소득의 무려 23%를 내놓아야 한다(박종훈 2015, 144-145).[6]

이와 같이 한국을 비롯한 여러 나라에서 노년세대를 위한 의료비와 연금 등에 불균형적으로 많은 지출을 하고 있다. 그러면서도, 장년층과 노년층 자산 보유자들이 싫어하는 증세는 가급적 피하고 있다. 심지어는 감세조치를 취하는 나라까지도 있다. 그러니 국가부채는 날로 증가하고 있다. 노인세대의 복지비용을 현재와 미래의 청년세대에게 떠넘기고 있는 것이다. 그렇다고 그런 나라들에서 미래세대를 위한 복지투자가 제대로 이루어지는 것도 아니다. 바로 한국의 예가 보여주듯, 보육이나 교육복지의 수준은 한심할 정도로 낮다. 왜 이런 일이 수많은 나라에서 비슷한 양상으로 일어나고 있을까? 많은 이들은 그 원인을 소위 '제론토크라시(gerontocracy)'에서 찾는다.

제론토크라시는 '노인에게 유리한 정치체제' 또는 '노인정치'를 비판적으로 지칭하는 말이다(Berry 2012; 강준만 2015, 45). 이 노인정치가 작동하는 민주국가에서는 노년층은 과대 대표되고 청년층은 과소 대표된다(이재경·장지연 2015, 23-24). 따라서 노인복지는 청년복지를 압도한다. 노인정치가 가능한 이유는 기본적으로 투표율 격차 때문이다. 흔히들 일본은 출산이나 보육 등의 가족복지보다 노인복지를 위

---

6   이것도 향후 합계출산율을 1.42명으로 크게 높였을 경우에 한한 예측이다. 출산율이 오히려 더 떨어진다면, 미래세대는 자기 소득의 절반을 노인들에게 바쳐야 할지도 모른다.

한 지출에 열 배를 더 쓰는 이른바 '노인의 나라'라고들 하는데, 그렇
게 된 핵심 원인은 청년층의 낮은 투표율 때문이라는 것이다.[7] 미국 역
시 노인들의 정치적 영향력이 막강한 나라라고 평가된다(Kotlikoff and
Burns 2012, 18-19). 아래에서 볼 스페인과 이탈리아의 경우도 마찬가
지다. 그렇다면 한국은 어떨까? 한국의 노인 투표율이 청년에 비해 압
도적으로 높다는 것은 잘 알려진 사실이다. 게다가 노인 유권자의 수는
기하급수적으로 늘어가고 있다.[8] 노인정치 작동의 기본 조건은 충분히
갖춰져 있는 상태라는 것이다.

　최근 제론토크라시가 위력적인 나라에서 발견되는 공통점이 있
다. 어디서나, 물론 정도와 방식의 차이는 있지만, 청년세대의 저항과
반발이 일어나고 있다는 점이다. 프랑스나 영국에선 젊은이들이 가끔
씩 폭동을 일으킨다. 스페인과 이탈리아에선 유력한 청년정당이 조직
됐다. 우루과이 청년들은 고국을 떠나고 있다. 한국의 청년들은, 너무
나 불쌍하게도, 결혼파업과 출산파업으로 저항하고 있는 양상을 보이
고 있다. 그러나 다행스럽게도 다른 한편에선 미약하게나마 청년정치
가 활성화될 조짐이 느껴진다. 여기서 다행이라고 하는 이유는, 아래에
서 상술하겠지만, 그 편이 이민을 가거나 출산파업을 하는 것보다는 한

7　일본의 최근 선거 관련 통계를 보면 20대의 투표율은 38% 정도에 불과하나 60대 이상의
　투표율은 70%대를 유지한다. 일본의 노인정치 원인과 그 결과에 대한 자세한 보고는 강
　준만(2015, 45-47) 참조. 박종훈은 일본의 정권이 2009년에 자민당에서 민주당으로 넘
　어갔다가 다시 2012년에 자민당으로 넘어 온 과정을 노인정치의 영향력으로 설명한다
　(박종훈 2015, 39-40).
8　2016년 20대 총선에서 2030세대의 투표율이 눈에 띄게 높아졌다고는 하지만, 노년층의
　투표율에 비해서는 여전히 열세다. 70대 투표율이 73.3%였던 반면, 20대와 30대는 각기
　52.7%와 50.5%에 불과했다. 게다가 급속한 고령화로 인해 노년 유권자의 수는 매년 놀
　라운 속도로 늘고 있다. 2017년 대선의 60대 이상 유권자 수는 사상 처음으로 1천만 명
　을 돌파할 것으로 예상되고 있다(한겨레신문 2016/7/5).

국의 미래에 훨씬 긍정적인 해법이기 때문이다. 다만 불행히도, 역시 아래에서 상술하겠지만, 청년당이 한국에서 성공할 가능성은 매우 낮아 보인다.

다. 청년의 정치세력화 동향

제론토크라시의 폐해는 그 위력이 과할 경우엔 청년세대의 선호와 이익이 정치과정에 제대로 반영되지 않고, 따라서 청년의 삶의 질이 계속 추락할 수 있다는 데에 있다. 해법은 청년정치의 활성화에서 찾아야 한다. 그리하여 노인정치와 청년정치가 서로 길항력을 유지하게끔 해야 한다. 그래야 양 세대 간에 대화와 타협이 가능해지고, 그래야 상생 사회가 펼쳐질 수 있다. 청년정치의 부상이 한국 사회의 새로운 과제라는 것이다. 이 절에서는 청년들이 자신들을 대표하는 유력 정당의 설립에 성공한 대표적인 두 나라라고 꼽히는 이탈리아와 스페인 사례를 살펴보고, 그 두 나라들에 비하면 미약하기 그지없는 한국의 청년정치 실상을 간략히 들여다본다. 한국에서 청년의 정치세력화 가능성이 어느 정도인지를 논할 수 있는 토대를 마련해보고자 함이다.

(1) 이탈리아 오성운동

이탈리아에서의 노인정치는 정권을 좌지우지할 정도로 강력한 것이었다. 부패정치의 표상인 실비오 베를루스코니는 1994년에서 2011년에 걸쳐 무려 세 번이나 총리직을 맡았던 인물인데, 그는 재집권할 때면 언제나 세금의 감면이나 철폐 혹은 노인연금의 수령액 인상 등을 공약으로 내걸곤 했다. 문제를 일으켜 쫓겨났다가도, 노장년층의 환심을 살 만한 정책들을 팔아 정권을 되사곤 했다는 이야기이다. 세 차례에 걸친 베를루스코니의 집권 기간 동안 이탈리아의 국가부채는 매우 위험한 수위까지 불어났다. 2011년에는 그 규모가 GDP의 120%에 달하는 무려 1조 9000억 유로(약 2375조 원)에 달할 정도였다(동아일보 2016/10/29).

하지만, 나라 빚이 그렇게 눈덩이처럼 쌓여가는 중에도 수많은 노인들은 풍요로운 삶을 즐기고 있었다. 박종훈(2015, 52-53)의 보고에 의하면, 중산층 은퇴 노인들 가운데는 매월 300-500만 원 정도의 연금을 받으며 노후를 여유롭게 보낼 수 있는 사람들이 많았다. 의료 등 여타 노인복지의 수준도 대단한 것이었다. 그도 그럴 것이 전체 복지지출 중 노인복지가 차지하는 비중은 무려 60%였다. 선진 복지국가인 스웨덴이나 핀란드의 노인복지 지출이 전체의 40%를 조금 넘는 것과 비교하면 지나친 것이라 아니 할 수 없었다. 그러니 청년복지가 좋을 리 없었고, 청년실업 문제에 대한 대책이 제대로 서 있을 리도 없었다. 이탈리아 전체 실업률은 11% 정도였지만, 청년실업률은 무려 37%였다. 직장이 있다 할지라도, 대다수 청년들은 비정규직 노동자로 한 달에 평균 140만 원 남짓한 돈을 받으며 어렵게 살아갔다.

이탈리아의 제론토크라시와 그 사회경제적 결과에 대한 청년들의 분노는 정치적으로 표출되었다. 청년들이 자신들을 대표할 수 있는 정당으로 모여든 것이다. 그 정당은 바로 2013년 총선에서 창당 4년 만에 상원에서 23.8%, 하원에서 25.6%를 득표하여 각기 54석과 109석씩을 차지함으로써 일약 제3당으로 뛰어오른 '오성운동'이다.[9] 오성운동은 베페 그릴로라는 코미디언 출신 시민사회운동가의 주도로 반부패, 반기득권, 시민참여 민주주의 등을 주창하며 설립된 정당인데, 그

지지자들은 대개가 40세 미만의 청년들이다(이진순 2016, 68-70). 청년들은 이 정당을 통하여 청년복지의 강화 등을 요구했고, 그 중 일부는 직접 정치권에 들어가기도 했다. 지난 2016년 로마 사상 최초의 여성 시장으로 선출된 오성운동 소속의 비르지니아 라지의 나이는 37세였는데, 그 나이가 바로 당시 이 당 소속 국회의원들의 평균 나이였다. 이것이 오성운동을 이탈리아 청년당으로 부르는 이유이다. 이탈리아에선 본격적인 세대정치가 기존 정당체계 내에서 전개된 것이다.

(2) 스페인 포데모스

2008년의 글로벌 금융위기 이후 스페인은 마이너스 성장과 함께 불거진 부실은행 문제로 큰 어려움에 빠지게 되었다. 그리고 그 해결 과정에서 국가부채가 급증하였다. 재정적자가 대규모로 늘어가자 정부는 과감한 긴축정책을 도입하였다. 청년과 가족 복지를 포함한 각종 복지혜택을 대폭 축소하였으며, 공공기관의 신규 채용도 최소한으로 줄였다. 당연히 청년들의 고통이 커졌다. 특히 청년실업 문제가 악화되어 2013년도의 청년실업률은 세계 최고 수준인 무려 57.9%가 될 정도였다.

그러나 노인들의 상황은 전혀 달랐다. 정부는 그 와중에도 노후연금만큼은 계속 올렸다. 그 덕분에 많은 노인들은 은퇴 전과 별 차이가 없는 수입을 갖고 풍요로운 생활을 즐길 수 있었다. 이는 스페인 노인정치의 위력이 이탈리아에 못지않기 때문이었다. 국가부채 감소를 위해 노인들에게 지급되는 연금액을 줄이겠다고 감히 나서는 집권당은

9 이 글에 나와 있는 이탈리아와 스페인 총선의 정당별 득표율과 의석점유율 등은 모두 위키피디아(https://en.wikipedia.org)의 해당 페이지에서 인용한 것들임을 밝힌다.

없었다. 노후연금을 받고 있거나 곧 받을 노장년 세대 유권자들의 응징투표가 무서웠기 때문이었다. 선거 때만 되면 주요 정당들은 오히려 노후연금 지급액을 더 늘리겠다는 공약을 남발해댔다. 그 결과 일반 청년들의 삶은 더욱 곤궁해졌다.

스페인 젊은이들도 정치적 방식으로 대항하기 시작했다. 그들의 중심엔 "분노를 정치적 변화로 전환하자"는 행동강령을 내세운 포데모스가 있었다. '우리는 할 수 있다'는 의미의 스페인 말인 포데모스는 2014년에 카스트적 양당체제 타파, 부패정치 일소, 신자유주의 긴축정책 반대, 보편적 기본소득 도입 등을 목표로 창립된 정당이다(금민 2015, 274-279). 창당을 주도한 대학 강사이자 TV방송계의 유명한 진보 논객인 파블로 이글레시아스는 37세의 나이로 당 대표를 맡음으로써 포데모스가 청년정당임을 만천하에 알렸다. 2015년 1월에는 스페인 청년들의 개혁 열망이 얼마나 뜨거운지, 그리고 그것을 동원하고 조직해낸 포데모스의 능력이 얼마나 뛰어난지를 여실히 보여주는 한 사건이 발생했다. '변화를 위한 행진'이라는 포데모스 주최의 시민집회에 20만 명이 넘는 대규모 인파가 운집한 것이다(이진순 2016, 89). 포데모스의 그 힘은 정치력으로 그대로 이어졌다. 창당 1년여 만인 그해 12월에 치러진 총선에서 포데모스는 20.7%를 득표함으로써 하원 전체 의석의 19.7%에 해당하는 69석을 차지하여 40년 전통의 스페인 양당체제를 깨며 원내 제3당의 지위에 올라섰다. 그야말로 청년의 분노가 정당체계의 변화를 낳은 것이다.

(3) 한국의 청년정치

2015년 1월에 KAIST가 주최한 '한국인은 어떤 미래를 원하는가'라는 토론회에서 20-34세 청년층 대상의 한 설문조사 결과가 발표되었는데, 그 내용은 기존 체제를 잘 보존해가기보다는 그걸 다 붕괴시키고 다시 시작하길 원하는 청년들이 훨씬 더 많다는 충격적인 것이었다. '지속적인 경제성장'을 원한다고 응답한 청년은 23%에 불과했지만, '붕괴, 새로운 시작'을 바란다는 청년은 42%에 달했다(김종휘 2015). 이 정도면 한국 청년들의 불만이 이탈리아나 스페인 청년들에 비해 작다고 말하기는 어려운 듯하다. 한국의 정치시장에도 청년정치의 수요는 분명히 존재한다는 것이다. 그렇다면 과연 한국의 청년들이 이탈리아나 스페인 청년들처럼 자신들을 대표하는 유력 정당을 만들어낼 수 있을까? 지금부터 차분히 살펴보자.

한국의 선거정치에서 세대요인이 주요 변수로서 분명하게 부각된 것은 2002년 대선 국면에서였다. 그해의 대선 출구조사 결과에 의하면, 20대와 30대의 노무현 후보 지지율은 평균 60%를 넘었으나 50대 이상의 경우는 40%에도 미치지 못하였다. 반면, 이회창 후보에 대한 20대와 30대의 평균 지지율은 30%를 조금 넘는 정도였으나 50대 이상에선 60%에 가까운 지지율이 나왔다(박재홍 2010, 81-82). 지지하는 후보를 놓고 세대 간 선호가 극명하게 양분되며 대선이 '세대대결' 양상으로 전개된 것이다. 그리고 그 과정에서 소위 '2030 세대동맹'이 탄생되었다(박권일 2012, 54-55). 그러한 양상은 2004년 총선까지도 이어졌다. 그러자 많은 전문가들이 소위 '세대정치'를 논하며 그것의 장기화를 예상하였다. 그러나 2007년 대선은 그 예상과 다른 결과를 낳았다. 한나라당 이명박 후보가 30대를 제외한 전 연령층에서 압도적인 지지를 받은 것이다. 민주당의 정동영 후보에 대한 30대의 지지도 이명박 후보에 비해 약간 높은 정도에 불과했다. 전문가들은 다시 이 반전에 대해 설명해야 했다. 많은 이들은 그것을 양극화와 청년 일자리 문제 등에 관하여 제대로 된 해법을 내놓지 못한 노무현 정부에 대한 청년세대의 실망 때문인 것으로 설명했다(박재흥 2010, 84). 물론 그 외에 다른 이유도 있었겠지만, 아무튼 세대요인을 중시하는 선거정 치가 노무현 정부를 거치며 급격히 쇠락의 길을 걷게 된 것은 사실이 었다(윤상철 2009, 82-85).

그 이후엔 대의제 민주주의의 작동, 즉 자신을 대표하는 정당 혹 은 정치인에게 표를 모아주면 그들이 제도 정치권 내에서 자신의 문제 를 대신 해결해주는 정치기제의 작동을 기대하기보다는 삶의 현장에 서 스스로가 자기 문제를 직접 해결하는 편이 낫다고 생각하는 청년들 이 많이 늘어난 듯했다. 특히 2010년에 청년노동자들로 구성된 국내 최초의 세대별 노동조합인 청년유니온이 출범한 후엔 청년들의 연대 형성 노력이 곳곳에서 활발하게 일어났다. 그 결과 예컨대, 2011년에 는 청년의 5대 불안인 일자리, 교육, 주거, 노동인권, 결혼 및 보육 등의 문제 해결을 목표로 하는 청년연합 36.5가 창립됐고, 2012년에는 청 년의 입장에서 파악한 복지국가 강화의 필요성과 당위성을 서로 공유 하고 그 건설 방안을 마련해보자는 복지국가청년네트워크가 발족했으 며, 2013년에는 주로 청년세대인 알바 노동자들의 권리를 지키기 위해 결성된 알바노조, 그리고 2014년에는 대학생과 청년들의 주거 문제 해 결을 도모하는 민달팽이 유니온 등이 연이어 출범했다. 1990년대 초반 이후 줄곧 강화돼온 신자유주의 무한경쟁 질서 아래에서 이른바 '스펙 쌓기' 등을 통한 각자도생만이 유일한 생존방식이라고 여겨오던 수많 은 젊은이들이 그 한계를 절감한 후, 정치적 해법을 잠시 기대해보다가 그것도 아니라는 판단이 서자, 이제 사회적 연대를 통한 보다 능동적이 며 적극적인 자구책 마련에 나선 것이었다.

선거정치 참여에 대해 냉소적이거나 무관심했던 청년들이 전국적 차원에서 하나의 '정치집단'으로 다시 등장한 것은 2030 세대동맹을 맺어 노무현 정부의 출범에 기여했던 2002년 이후 무려 10년이 지난 시점인 2012년 대선 때의 일이었다. 대선 당일의 방송 3사 출구조사 결과에 의하면, 문재인 후보에 대한 50대 이상의 평균 지지율은 32.5% 였으나, 20대와 30대의 경우는 그 배가 넘는 66.2%였다. 반면, 박근혜 후보는 50대 이상으로부터는 평균 67.5%의 높은 지지율을 끌어냈으나, 20대와 30대로부터는 그 절반에도 못 미치는 33.4%만을 얻어냈다 (고원 2013, 155). 세대 대결 양상이 10년 전에 비해 오히려 더 극명하게 표출된 것이다.

청년들의 정치참여 열기가 대단했던 그 해에는 심지어 청년당이 조기 설립되기도 하였다. 창당을 주도한 이들은 당시 청년들 사이에서 선풍적 인기를 모았던 '청춘콘서트'의 진행을 맡아하던 평화재단의 젊은 상근자들이었다. 청춘콘서트는 사회경제적 불안에 시달리고 있는 청년들에게 희망의 메시지를 전하자는 취지에서 평화재단이 기획하여 2011년부터 전국을 순회하며 김제동, 박경철, 법륜스님, 조국, 안철수 등의 저명인사들을 소위 '멘토'로 초청하여 벌여온 일종의 강당식 토크 쇼인데, 이 행사를 상당한 기간에 걸쳐 함께 진행해오던 그 젊은이들은 그 과정을 통해 "청년의 목소리를 제대로 내자"는 정치적 열정을 공유하게 되었다고 한다.[10] 그리하여 그들은 2012년 1월에 외부에서 합류한 소수의 정치 지망생들과 더불어 창당을 결의했고, 2월에는 발기인대회를 열었으며, 3월에는 창당대회를 통해 '청년당'의 탄생을 공표한 후 바로 그 다음 달에 치러진 4월 총선에 참여하였다. 당원들이 모두 모여 당의 이념, 가치, 정책기조 등을 민주적 방식에 의해 차분히 확

10   청년당의 리더그룹에 속해 있던 고강섭 씨와의 인터뷰(2016년 10월 18일).

립할 시간도 별로 없었다. 총선을 목전에 둔 상태에서 무엇보다 급한 것은 정당등록 요건을 갖추는 일이었기 때문이다. 그렇게 급조된 청년 당은 총선에 지역구 후보 3명과 비례대표 후보 4명을 내보냈으나 모두 낙선했고, 득표율도 0.34%(73,172표)에 불과하여 자동 해산됐다.[11]

청년당 창당 실험은 일단 그렇게 실패로 마감했지만, 그걸로 청년 정치 활성화 노력이 멈춰진 것은 아니었다. 많은 청년들이 그 후에도 계속 청년의 정치세력화를 추진해왔다. 그들이 택한 방식은 크게 보아 두 가지로 나눌 수 있는 듯하다. 첫 번째는 기성 정당에 들어가 그 내 부의 청년조직을 강화하는 것이다. 사실, 주요 정당 가운데 한국의 선 거정치에서 청년세대의 중요성이 갈수록 증대되고 있다는 사실을 모 르고 있는 정당은 없다. 그러니, 특히 2012년 총선 이후엔 정당들 간 에 청년들을 향한 구애 경쟁이 벌어졌다. 그해 대선에서 박근혜 후보가 선방할 수 있었던 요인 중 하나가 이준석이나 손수조와 같이 나름 세 대 대표성을 지니고 있는 청년 정치인의 영입에 성공한 것이라는 평가 도 정치시장에서의 청년 주가 상승에 크게 기여했다. 민주당(새정치민 주연합)에도 청년정치를 꿈꾸는 많은 젊은이들이 당원으로 들어갔다. 그들 덕분에 민주당(새정치민주연합) 내에서도 청년의 위상을 재정립 해야 한다는 목소리가 커졌다. 2015년에는 새정치민주연합의 혁신위 원회가 당 청년위원회를 '청년새정치연합' 혹은 아예 '청년당'으로 개 칭하여 거기에 정당 국고보조금의 3%를 할당하고, 국회의원의 10%, 광역의원의 20%, 기초의원의 30% 이상은 청년 후보들을 공천해야 한 다고 공식 제안할 정도였다. 같은 해의 정의당 당 대표 선거에는 37세 의 청년 정치인 조성주가 출마하여 스타 정치인인 노회찬과 심상정에

---

11   정당법은 총선 득표율이 2% 미만인 정당은 선거 후 자동 해산되도록 규정하고 있다.

게 도전장을 내밀었다. 당시 그는 정의당은 국민연금의 소득대체율 인상과 같이 세대 간의 불평등을 심화시키는 정책들을 저지하는 등 미래(세대)를 위해 싸우는 정당으로 거듭나야 한다고 강조했다(미디어오늘, 2015/6/23). 정의당의 청년위원회를 '청년정의당'으로 바꿔야 한다는 그의 주장 역시 정의당을 '청년정당화'해보겠다는 맥락에서 제기된 것이었다.

청년의 정치세력화를 위한 두 번째 방식은 기성 정당으로의 합류를 거부하고 여전히 자신들만의 새 정당 창립을 도모하는 것이다. 일례로, 2015년 4월 새정치민주연합을 탈당한 천정배 의원은 그러한 포부를 지닌 청년들과 만나 한동안 청년당 창당을 진지하게 고민했다. 자신을 포함한 기성 정치인들은 후견인이 되고 "주축은 청년이 맡는 활력 넘치는 정당"을 만드는 것을 심각하게 고려했던 것이다.[12] 비록 그 구상은 무위로 돌아갔고, 그밖에 다른 시도들 역시 한동안 별 성과를 못내고 지지부진했지만, 그에 실망하지 않고 몇몇 청년그룹들은 부단히 청년당 창당을 위해 노력했다.

그 결과물이 2017년에 등장한 청년당 '우리미래(미래당)'이다. 우리미래는 2012년의 청년당 창당 과정에도 참여했던 오태양 현 공동대표가 그 후 수년간 주도해온 '청년준비모임'이라는 그룹이 정당으로 발전한 경우이다. 우리미래는 창당 이듬해인 2018년에 있었던 제7회 전국동시지방선거에 서울시장 후보를 포함해 아홉 명을 출마시켰다. 서울시 도봉구 가선거구에 출마한 김소희 현 공동대표가 8.2%를 득표하는 등 나름 유의미한 성과는 있었지만 당선자는 아무도 없었다. 역시 역부족이었다. 2020년 총선을 앞두고 있지만 (지금의 선거제도가 그대

---

12   천정배 현 대안신당(가칭) 국회의원과의 인터뷰(2015년 9월 12일).

로인한) 거기서도 큰 기대를 걸기는 어려운 상황이다.

라. 유력한 청년당 부상의 가능성

지금까지 본 바와 같이, 한국에 청년정치의 수요가 존재함은 명백한 사실이다. 다만 그것이 청년의 정치세력화로 이어질 수 있을지는 여전히 의문이다. 사실 청년의 정치세력화만 이룰 수 있다면 그 방식은 어느 쪽이든 상관이 없다. 기성 정당을 변화시키든 아예 새로운 당을 만들든, 중요한 것은 지지 기반을 청년세대로 하는, 따라서 청년세대의 선호와 이익을 정치적으로 대표하는 유력 정당의 탄생이다. 그러한 정당이 등장하여 청년정치를 활성화시킴으로써 청년세대가 노년세대에 대한 정치적 길항력을 확보해야 세대 간의 대화와 타협이 가능해지고, 그래야 비로소 상생의 정치경제가 안정적으로 이루어질 수 있다. 그런데 과연 그러한 정당의 탄생은 한국에서도 가능한 일일까?

　모든 게임의 결과는 크게 두 가지 변수에 의해 결정된다. 하나는 선수(행위자)이고 다른 하나는 규칙(제도)이다(최태욱 2014, 62-66). 정당정치라는 게임도 마찬가지이다. 그리고 그 정당정치의 축적 결과라 할 수 있는 정당체계 역시 그것을 구성하는 정당정치인들의 의지와 능력, 그리고 그것을 규율하는 정치제도에 의해 그 모습이 결정된다. 행위자 변수와 제도 변수의 조합 양태에 따라 일당우위제가 지속될 수도 있고, 양당제나 다당제가 발전될 수도 있다는 것이다. 다당제라 할지라도 그 정당들이 각각 특정 지역에 기반을 둔 것인지, 아니면 주로 이념이나 세대 균열에 의해 나눠진 것인지는 역시 행위자와 제도 변수에 따라 나라마다 다르다.

그렇다면 기존의 정당체계가 새로운 형태로 변화하는 과정과 그 결과 역시 행위자와 제도 변수에 의해 지배되고 규정될 것임은 자명한 일이다. 일반화해서 말하자면, 정치개혁은 제도와 행위자 변수가 결정한다는 것이다.

행위자 변수를 강조하는 이들은 다음 세 조건이 충족되어야 비로소 정치개혁의 가능성이 유의미하게 높아진다고 말한다(Downs 1957; Frohlich et al. 1971; Geddes 1994). 첫째, 기존 정치의 피해자들이 문제의식을 광범위하게 공유하여 그 해결책을 집단적으로 요구한다. 둘째, 개혁 추진세력이 그들에게 설득력 있는 대안을 제시한다. 셋째, 신뢰할 만한 정치 지도자가 나서서 그들의 개혁 열망을 동원하고 조직하여 그 구심점 역할을 맡는다. 이를 요약하자면, 문제의 해결을 요구하는 피해자들에게 적절한 대안을 내놓으면 그 대안을 채택하라는 구체적인 개혁 압력이 동원될 수 있는바, 그때 그 압력이 하나의 정치적 구심점으로 결집되어 강력하고 효과적으로 분출될 경우엔 그것이 개혁의 완수로까지 이어질 수 있다는 것이다.

유력한 청년당의 등장으로 한국의 정당체계가 변화되는 것을 정치개혁이라고 정의할 경우, 위에서 말한 세 조건 가운데 첫 번째 것은 어느 정도 충족된 것으로 보아도 무방할 것이다. 세계 최저의 출산율과 세계 최고의 자살률을 기록하고 있는 나라의 청년들이, 그렇게 심각한 고통과 피해 속에 살고 있는 한국의 청년들이 청년의 정치세력화 혹은 청년정치의 활성화를 요구하며 그 목소리를 드높인 것은 이미 오래전부터 시작된 일이기 때문이다.

그러나 두 번째와 세 번째 조건은 아직 갖춰져 있지 못한 것으로 보인다. 위에서 본 바와 같이, 2012년의 청년당을 자신들이 염원하는 대안 정당으로 여긴 청년들은 그리 많지 않았다. 수많은 청년들이 믿고

따를 수 있을 만한 정책이나 제도 대안을 제시하지도 못했고, 그럴 만한 지도자를 앞세우지도 못했다. 제2의 청년당이라고 할 수 있는 지금의 우리미래 역시 아직 이 문제들을 해결하지 못하고 있다. 행위자 변수만을 놓고 볼 때도, 한국에서 유력한 청년정당이 부상할 가능성은 여전히 높지 않다는 것이다. 거기에 더하여 제도 변수까지 함께 고려한다면 그 가능성은 더욱 낮아진다.

어쩌면 위에서 언급한 행위자 변수의 두 번째와 세 번째 조건은 상당한 시간 동안 상당한 노력을 경주함으로써 우리 청년들 스스로가 채울 수 있는 것일지도 모른다. 현실성 있는 대안은 어떻게든 마련할 수 있는 것이고, 카리스마 있는 지도자도 찾아낼 수 있다는 것이다. 그런데 여기서의 의문은 만약 그렇게 된다고 한다면, 즉 행위자중시론이 강조하는 주요 조건들이 모두 갖춰진다면, 한국에서도 정말 유력한 청년당이 부상할 수 있겠는가 하는 것이다. 제도중시론에 따르자면 그 답은 '여전히 아니오'이다. 왜 그렇다는 것인지 스페인과 이탈리아 사례를 우리의 경우와 비교해보며 따져보자.

스페인의 포데모스는 2015년 총선에서 20.7%를 득표하였다. 거대 양당이 존재하는 정치 환경에서 1년 갓 넘은 정당이 얻은 성과치고는 대단한 것이라고 아니 할 수 없다. 아마도 상기 행위자 변수의 세 가지 조건을 모두 충족했기 때문일 게다. 그런데 그보다 더 놀라운 것은 그 20.7%라는 득표율로 전체 하원 의석 350석 가운데 무려 69석을 차지했다는 사실이다. 득표율과 거의 비슷한 19.7%의 의석점유율을 포데모스가 확보한 것이다. 우리 한국인의 눈에 그것이 그토록 놀랍게 보이는 이유는 한국의 총선에서는 그렇게 높은 비례성을 기대할 수 없기 때문이다.

2012년의 19대 총선에서 민주당은 영남 지역에서 20.1%의 득표율을 기록했다. 포데모스의 상기 득표율과 거의 같은 것이었다. 그러나 포데모스가 그 득표율로 19.7%의 의석을 가져간 것과 달리 민주당은 그걸로 고작 4.5%의 영남 의석을 얻었다(최태욱 2014, 101). 사실 득표율과 의석점유율 간의 비례성이 전혀 보장되지 않는 건 우리만의 문제는 아니다. 소선거구 1위대표제를 택하고 있는 나라들의 사정은 다들 엇비슷하다. 예를 들면, 뉴질랜드 사회신용당의 1981년도 총선 득표율은 20.7%였다. 그러나 의석점유율은 고작 2.1%로 총 95석 가운데 겨우 2석만을 차지할 수 있었다(최태욱 2014, 331).

소선거구 1위대표제 국가에서 20.1%라는 득표율로 고작 4.5%의 의석을 가져가고, 20.7%의 득표율로 불과 2.1%의 의석만을 배정받는 등의 불공정하고 불합리한 상황이 늘 벌어지는 이유는 그 선거제도가 오직 1등만을 뽑아 그에게 지역 대표권을 100% 모두 위임해버리는 제도이기 때문이다. 어느 정당이 여러 지역구에 걸쳐서 도합 20% 정도를 득표했다 할지라도 그 정당의 후보자들이 각 지역에서 모두 2위 이하에 머물고 말았다면 그 정당은 단 1석도 얻지 못하게 된다. 1위대표제에선 2위 이하에게 던져진 표는 모두 사표로 처리될 뿐이기 때문이다. 20% 득표에 0석이라는 결과는 충분히 가능한 일이라는 것이다.

더구나 한국과 같이 지역주의가 여전히 막강한 선거정치 변수로 작동하는 나라에서는 이념이나 정책을 중심으로 결성된 전국정당 후보가 소선거구에서 해당 지역에 뿌리내린 기존의 지역정당 후보들을 제치고 1위에 당선되기란 매우 어려운 일이다. 영남당이나 호남당 등과 같이 지역에 기반을 둔 거대 정당 출신 후보는 소위 지역프리미엄을 누릴 수 있으므로 '외지' 정당이나 전국정당 출신의 경쟁자들에 비해 상대적으로 늘 유리한 위치에 있기 때문이다. 더구나 반드시 50%가 넘는 득표를 해야 하는 것도 아니고 경쟁자들에 비해 단 1표라도 더 얻으면 1위로 당선되는 상대다수대표제는 필요하면 언제든 지역감정에 호소하여 지역표의 동원을 극대화할 수 있는 지역정당 후보에게 언제나 유리한 선거제도이다. 요컨대, 지역주의와 결합한 소선거구 1위대표제가 한국의 국회의원 선거제도로 유지되는 한, 설령 청년당이 행위 자중시론이 제시하는 주요 성공 조건 모두를 갖춘다고 한들 포데모스와 같이 유력 정당이 될 가능성은 매우 낮다는 것이다.

  이탈리아의 경우를 보더라도 위와 동일한 결론을 내릴 수 있다. 오성운동은 창당 후의 첫 전국선거인 2013년 총선에서 득표율 25.6%로 하원 총 의석인 630석 가운데 109석을 차지할 수 있었다. 의석점유율이 17.3%였던 것이다. 물론 20.7%를 득표한 포데모스가 의석의 19.7%를 가져간 2015년의 스페인 총선과 비교하자면 그 비례성이 다소 낮은 것이긴 하나, 이 이탈리아 총선 역시 위에서 본 한국이나 뉴질랜드 소선거구 1위대표제의 경우에 비해서는 압도적으로 높은 비례성을 지닌 선거제도로 치러진 선거였다. 이 총선에서 오성운동 다음으로 높은 득표율을 기록한 정당은 우리말로 '친몬티연대'라고 부를 수 있는 정당연합체였는데, 그 당은 10.6%의 득표율로 전체 하원 의석의 7.1%에 해당하는 45석을 배분받았다.[13] 친몬티연대의 그 득표율은 2012년 19대 총선의 통합진보당 득표율 10.3%와 거의 동일한 것이었다. 그러나 의석 점유율은 전혀 달랐다. 통합진보당은 당시 그 득표율로 총 의석 300석의 4.3%에 불과한 13석만을 받을 수 있었다. 원내교섭단체도 꾸릴 수 없는, 별 영향력 없는 군소정당으로만 머물러 있었음은 물론이다. 만약 당시 한국 선거제도의 비례성이 이탈리아 정도만 됐어도 통합진보당은 (300석의 7%인) 21석 이상을 지닌 유력 정당으로

---

13 영문명 'With Monti for Italy'인 이 연합당은 직전 총리였던 Mario Monti와 그의 개혁 구상을 지지하는 군소정당들의 연합체였다.

서 활발한 의정활동을 벌일 수 있었을 것이다. 통합진보당의 전신이라 할 수 있는 민주노동당도 비슷한 일을 겪었다. 2004년 17대 총선에서 민노당은 13%를 득표하고도 299석의 3.3%인 고작 10석을 확보하는 데에 만족해야 했다.

통합진보당과 민주노동당 사례가 시사하는 것 역시 지금의 선거 제도를 그대로 두고는 한국에서 유력한 청년 대표 정당이 탄생하기를 기대하긴 어렵다는 것이다. 유력 정당 부상의 행위자 요건을 충분히 갖춘다 할지라도 제도 장벽을 넘을 공산이 너무 낮기 때문이다. 과문한 탓인지 몰라도, 소선거구 1위대표제 국가에서 청년당, 녹색당, 해적당 등의 정치실험이 성공한 예는 없다. 결국 비례대표제가 관건이라는 의미이다.

마. 나가는 말

박종훈(2013, 7-8)의 정확한 지적대로, "세대전쟁은 제로섬 게임이 아니다." 청년세대의 것을 빼앗는다고 그만큼 노년세대가 잘살게 되는 것도 아니며, 그 반대의 것도 역시 아니다. 두 세대는 서로 운명공동체를 이루고 있다. 청년들이 못살면 노인들도 어려워지고, 청년들이 잘살면 노인들도 더 행복하게 살 수 있다.

일자리가 아예 없어지거나 나쁜 것밖에 안 남아서 청년들의 소득이 감소하면 그들의 소비가 줄어드니 내수시장은 축소되고, 그것은 다시 기업의 투자 감소와 산업경쟁력의 하락으로 이어진다. 거기다가 살기 어려워진 청년들의 결혼파업과 출산파업까지 가세하면, 내수 및 투자 감소와 그에 따른 국가 경제력 저하는 더 빠른 속도로 진행된다. 더

장기적으론 노년세대를 부양해줄 젊은 세대 자체가 줄어든다. 나라 전체의 사회 및 경제 상황이 그렇게 악화돼가는 와중에 노후복지가 안정적으로 제공될 리는 없다. 청년세대의 고통이 가중되면 그만큼 노년세대 역시 힘들어지는 것이다.

그러나 젊은 세대가 안정적인 삶을 살아갈 수 있도록 기성세대 혹은 노장년층이 힘을 모아준다면, 그래서 젊은이들의 가처분소득이 항상 상당한 수준을 유지할 수 있도록 해준다면, 그리하여 그들이 연애하고, 결혼하고, 출산하는 일에 경제적 어려움을 크게 느끼지 않도록 해준다면, 소비, 투자, 생산, 성장, 고용, 분배 등이 서로 선순환 구조를 이루어 모두가 점차적으로 두루 증대돼갈 것이며, 그렇게 조성된 풍요롭고 넉넉한 사회경제적 환경에서 노후복지의 수준은 지속적으로 향상돼갈 것이다. 청년의 일자리를 늘려주고 청년 및 가족복지를 강화해주는 것이 미래세대를 위한 매우 훌륭한 장기투자라고 주장하는 이유이다.

지금의 저출산·고령화 추세를 그대로 둘 경우 한국의 생산가능인구(15-64세 인구) 비율은 점점 줄어들어 언젠간 심각한 수준으로까지 떨어진다. 생산과 소비, 저축의 기반이 그렇게 취약해져 가면 나라 경제 전체의 쇠퇴는 피할 수 없는 일이 된다. 청년과 노장년 모두의 공멸로 이어질 수 있다는 것이다. 청년들의 시장임금과 사회임금을 하루라도 빨리 그리고 가능한 한 최대치로 올려줘야 한다. 그래야 그들의 삶과 노인들의 삶이 선순환 구조 안으로 들어가 다 같이 즐거워지고 행복해질 수 있다. 노인복지와 청년복지를 제로섬 관계나 경쟁적 관계로 설정해서는 안 된다(이재경·장지연 2015, 38-39). 고령화 시대에 노인복지를 늘리는 것은 물론 필요하다. 그러나 청년복지를 그 이상으로 혹은 최소한 그만큼은 같이 늘려주는 것은 더욱 중요하다. 그래야 선순환 구조가 작동될 것이기 때문이다.

그런데 문제는 정치다. 한국의 주요 정당과 정치인들이 노인정치에 매몰되는 것을 막아야 한다. 그러기 위해선 무엇보다 청년정치를 활성화시켜야 한다. 청년세대가 만만찮은 정치세력이라는 인식이 확산돼야 청년을 위한 일자리 정책과 복지 정책도 제시간에 제대로 제공될 수 있다. 그래야 청년들이 다른 나라로 떠나가거나 미래세대를 낳아주지 않아 대한민국의 사회 및 경제 기반이 뿌리째 흔들리는 일이 벌어지지 않는다. 또한, 거듭 말하지만, 그래야 어린이, 청년, 장년, 노년 세대의 상생이 가능해진다.

그렇다면 어떻게 청년정치를 강화시킬 수 있을까? 어떻게 하면 청년의 정치적 대표성을 충분히 높은 수준으로까지 제고할 수 있을까? 위에서 상술한 바와 같이, 가장 효과적인 방안은 선거제도의 비례성을 높이는 일이다. 그래야 유력한 청년당이 새롭게 생겨날 수도 있고, 기성 정당이 청년세대의 선호와 이익에 충분히 민감해질 수도 있다. 선거제도의 개혁이 급선무라고 주장하는 이유이다.

참고문헌

고원. 2013. "정치균열의 전환과 2012년 대통령 선거: 세대와 계층 변수를 중심으로." 『동향과 전망』 통권 88호.

금민. 2015. "포데모스, 좌파 포퓰리즘의 가능성과 한계." 『마르크스주의 연구』 12권 4호.

강준만. 2015. 『청년이여, 정당으로 쳐들어가라!』. 인물과 사상사.

김종휘. 2015. "청년들아 너희들을 위한 나라는 없다." 『경향신문』 2015. 1. 30.

박권일. 2012. "세대와 정당정치: 정치적 세대동맹의 역사와 의미." 『황해문화』 통권 74호.

박재흥. 2010. "한국사회의 세대갈등: 권력·이념·문화 갈등을 중심으로." 『한국인구학』 33권 3호.

박종훈. 2013. 『지상최대의 경제 사기극, 세대전쟁』. 21세기북스.

윤상철. 2009. "세대정치와 정치균열." 『경제와 사회』 통권 81호.

이진순. 2016. 『듣도 보도 못한 정치』. 문학동네.

이재경·장지연. 2015. "한국의 세대불평등과 세대정치: 일자리영역에서 나타나는 정책주도 불평등을 중심으로." 『민주사회와 정책연구』 통권 28호.

최기홍 외. 2012. 『국민연금의 세대 간 회계』. 국민연금연구원.

최태욱. 2014. 『한국형 합의제 민주주의를 말하다』. 책세상.

Berry, Craig. 2012. *The Rise of Gerontocracy?: Addressing the International Democratic Deficit.* Intergenerational Foundation.

Downs, Anthony. 1957. *An Economic Theory of Democracy.* Harper & Row Publishers.

Frohlich, Norman, Joe Oppenheimer, and Oran Young. 1971. *Political Leadership and Collective Goods.* Princeton University Press.

Geddes, Barbara. 1994. *Politicians Dilemma: Building State Capacity in Latin America.* University of California Press.

Kotlikoff, Laurence J. and Scott Burns. 2012. *The Clash of Generations.* MIT [정명진 옮김. 2012. 『세대충돌』 부글북스].

3

고령화 사회와 연금개혁의 정치

임혜란(서울대학교)

가. 서론

본 연구의 목적은 초저출산, 고령화 사회에 들어선 한국의 연금개혁 과정의 정치경제를 분석하는 데 있다. 연금개혁은 전 세계적 화두이다. 선진국은 이미 연금재원 고갈을 우려해 은퇴 연령 시기를 높이고 가입자가 내야 하는 돈을 상향 조정하였다. 2010년 프랑스에서는 공적연금 수혜 혜택을 종전의 65세에서 67세로, 정년 연도를 60세에서 62세로 연장하는 연금개혁안을 추진하자 국민들의 격렬한 반대 시위가 일어나기도 했다. 정년이 65세인 덴마크, 호주, 벨기에, 독일 등은 오는 2022-2030년까지 이를 67세로 연장한다. 미국도 현재 66세인 정년을 2027년까지 1년 더 늘리기로 하였다.

동아시아 발전국가는 한때 초고속 성장을 지속한 이후 빠른 속도로 초저출산, 고령화 사회에 돌입했다. 그 이후 연금개혁의 필요성 역시 빠르게 부각된 바 있다. 대만의 차이잉원 총통은 2017년 정부 주요 과제의 하나로 연금개혁안을 내놨다. 개혁안에 따르면 공무원과 교원 연금의 보험료율은 현 8%-15%에서 18%로 인상된다. 대만 정부는 일반국민연금과 공무원들 연금 수급액의 불균형 해소를 위해 연금제도를 표준화하여 젊은 세대의 부담을 줄이겠다는 취지를 제시하고 있다.

한국 역시 초저출산, 고령화 사회에 돌입함에 따라 연금개혁을 둘러싼 다양한 논쟁이 지속되어 왔다. 초저출산 현상은 고령화 사회를 앞당기고 있는 주원인으로 연금갈등을 악화시키고 있다. 보험료를 내는 경제활동인구는 줄어드는 반면, 연금을 받아가는 고령층은 자꾸 늘어만 간다. 한국과 대만은 전 세계 국가 가운데 가장 낮은 초저출산 집단에 속해 있다. 초저출산, 고령화 사회가 다가옴에 따라 세대 간 갈등이 확대되는데 그 갈등의 핵심에 연금개혁이 있다. 한국의 연금개혁 역시

다양한 논쟁을 불러일으켰다. 예를 들면, 한국의 공무원연금의 재정건
전성 개선을 위한 개혁은 1995년, 2000년, 2009년, 2015년 각각 시행
되었으나 모수적 개혁에 머물렀다.[1] 초저출산 문제를 해결함으로써 고
령화로 가는 속도를 줄여볼 수 있다. 그러나 초저출산 문제는 한국 사
회의 구조적 문제와 결부되어 있어 단기간에 이 문제를 해결하기는 어
렵다. 그런 점에서 연금개혁의 시기를 더 이상 늦출 수는 없다. 본 연
구는 한국의 고령화 저성장시대의 경제개혁에 초점을 두고 연금개혁
을 둘러싼 세대 간, 계층 간 갈등의 핵심적 이슈를 그 사례로 함으로써
개혁과정의 정치경제를 분석해 보는 데 그 목적이 있다. 본 연구는 한
국의 연금개혁 가운데 '공무원연금개혁의 정치'에 분석의 초점을 두고
연금개혁에 영향을 미치는 담론 과정을 살펴보고자 한다. 이하 본 연구
의 목차는 다음과 같다. 제2절은 노후화된 동아시아 발전국가와 공무
원연금개혁 이슈를 살펴본 후 제3절은 연금개혁이 어떻게 '정치'라는
과정과 연계되는지 이론적으로 살펴본다. 제4절은 한국의 공무원연금
개혁 과정을 '담론'경쟁을 통해 살펴본다. 제5절은 결론으로 본 연구의
요약과 함의를 제시한다.

나. 노후화된 동아시아 발전국가와 연금개혁

한때 동아시아의 네 마리 용이라 하여 아시아경제의 중심축으로 자
리했던 신흥공업국인 싱가포르, 홍콩, 한국, 대만은 현재 상이한 발전
추이를 반영하고 있다. 대만과 한국은 2000년 이후 성장 둔화를 겪으

---

1   모수적 개혁이란 연금수급 연령을 올리거나 급여를 삭감하는 등 기존 제도 틀을 변경하
지 않은 채 재정 문제를 해결하려는 시도를 의미한다.

며 홍콩과 싱가포르와의 소득 격차가 점점 더 벌어지고 있다. 2005년 26,000달러대였던 싱가포르의 1인당 GDP는 2016년 52,755달러대까지 올랐다. 일본을 제치고 아시아 1위, 세계 7위다. 같은 기간 홍콩도 42,097달러를 돌파해 34,871달러대로 주저앉은 일본을 따돌렸다. 싱가포르와 홍콩은 여전히 높은 성장률을 반영하고 있다. 반면 한국의 1인당 GDP는 2016년 27,195달러대로 대만보다는 높지만 싱가포르의 절반도 안 된다. 대만은 2016년 네 나라 가운데 가장 낮은 22,083달러를 유지하다 최근 더욱 경제 활력을 잃고 있어, 정치적 불만과 갈등은 보다 커지는 양상을 보인다. 네 마리 용이 우등생과 열등생으로 나뉘고 있다는 의미이다(한국경제 2015).

그러나 싱가포르와 홍콩, 특히 홍콩은 도시국가로 동아시아 발전 국가모델과는 다소 상이한 특성을 반영한다. 특히 홍콩은 개방과 경제적 자유를 최대한 보장해 줬던 자유시장 모델을 유지해 왔다. 노동 유연성과 규제 철폐, 낮은 세금 등 친기업 정책을 밀어붙여 왔다는 점도 있다. 그런 점에서 홍콩과 싱가포르를 동아시아 발전모델의 전형인 한국, 대만과 비교하는 것은 적절해 보이지는 않는다.[2] 그러나 한국과 대만은 역사와 제도 등 다양한 점에서 유사한 특성을 보인다. 냉전으로 인한 우호적 통상환경을 누릴 수 있었으며 산업 전환 과정에서 정부의 주도적 정책이 중요한 역할을 했다. 한국과 대만은 1997년 외환위기를 기점으로 상이한 발전궤적을 보여줬음에도 불구하고, 민주화, 경제위기, 그리고 경제개혁 과정을 경험하면서 지속가능한 경제성장의 동력을 유지하지는 못했다. 대만 경제 부진의 원인은 다양하겠으나, 세계

---

2   싱가포르와 홍콩 역시 초저출산이라는 하위집단에 속해 있으나, 초저출산 자체가 곧 경제 저성장과 정치갈등의 필연적 원인이라고 할 수는 없다. 싱가포르와 홍콩은 지속가능한 경제성장 동력을 잃지 않고 있기 때문이다.

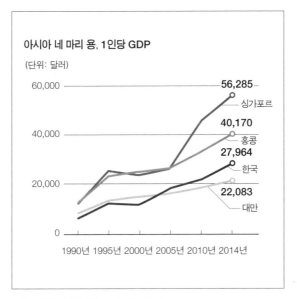

그림 1 아시아 네 마리 용, 1인당 GDP

자료: 세계은행, 한국은행

꼴찌 수준의 합계출산율, 인구의 급속한 고령화, 공공부채 급증, 고갈 우려에도 연금개혁을 가로막는 정치권의 포퓰리즘으로 한국의 경우와 다르지 않다. 아시아에는 이제 두 마리 용만 남게 생겼다는 논의가 등장한 것이다(한국경제 2015).

대만 사회는 현재 2015년 12%가 노인인구, 출산율은 1.065로 세계 최저수준이다. 최대 수출 대상국 중국의 성장이 둔화한 영향에다 세계에서 가장 낮은 수준의 출산율이 발목을 잡고 있다. 대만의 40~50대 공무원은 연금 혜택이 줄기 전에 앞다퉈 은퇴하고 있다. 2010년 은퇴한 중앙공무원 수는 전년 대비 50% 이상 늘었고, 이후 은퇴자 수는 매년 비슷한 수준을 유지하고 있다. 재정 파탄을 막으려면 연금 수령액을 줄여야 하지만 정치권은 표를 의식해 연금개혁을 미루고 있다. 부모 세대 부양의 부담을 국가가 점차 더 많이 떠안게 되면서 정부 재원은 한계점에 다가가고 있다. 일반 공공보험이 적용되는 근로자들의 연금 수령액은 3,628대만달러이다. 이와 달리 월평균 6만 대만달러(약 213만원)에 달하는 공무원연금 수령액은 정치적 후폭풍을 우려해 줄이지 못하고 있다. 경기 침체로 국가가 이 비용을 더 이상 떠안을 수 없는 상황이다. 현재 대만의 누적 공공부채는 사상 최대인 5500억 달러이다. 연금 비용은 2017년 1472억 대만달러로 예산에서 사상 최대인 7.37%까지 치솟을 전망이다. 코웬제 타이페이 시장은 2017년 시(市) 예산의 10%가 공무원연금으로 지급될 것이라고 말했다. 중앙 공무원들이 현 수준의 연금을 받기 위해 경쟁적으로 나서면서 재정 압박은 앞으로 더욱 커질 전망이다. 세대를 부양해야 할 청년은 저성장 때문에 번듯한 일자리를 찾지 못해 해외로 나가고 있다. 1990년 이후 태어난 대만 청년은 스스로를 '22K(2만 2000대만달러·약 78만 원) 세대'라고 부른다.[3] 젊고 생기 있는 호랑이 경제국(Tiger economy)인 한국과 대만이 2세대 만에 비틀대는 노후화된 국가로 변모했다. 근로가능인구 증가율이 둔화돼 은퇴한 부모 세대의 부양도 힘든 지경이 됐다. 이는 한국의 88만 원 세대에 비유할 수 있는 현상이다.

한국 역시 초저출산, 고령화 사회라는 공통된 문제를 겪고 있다. 한국 전체로 보면 2013년 65세 이상 노인 인구 비율이 12.2%에 이르러 이미 고령화사회가 되었으며, 2018년에는 14.4%가 되면서 고령사회로 진입하였다. 2026년엔 초고령사회(20.8%)에 진입할 것이다.

---

3   저임금 노동에 종사하는 대만 청년층을 뜻한다. k는 1000을 의미하는 접두어로 대졸 초임이 2만2000(22k)대만달러(약 79만 원)에 불과하다는 뜻이다. 대만 교육부가 2009년 갓 졸업한 대졸자를 고용하면 2만 2000대만달러의 취업보조금을 준 데서 유래했으나 기업의 대졸 초임 가이드라인으로 변질됐다.

2050년이면 인구의 40%가 노인이라고 예측한다. 문제는 한국은 고령화사회에서 고령사회까지 18년밖에 걸리지 않았다는 사실이다. 프랑스(115년), 미국(72년), 독일(40년), 일본(24년)보다도 빠르다. 노인 일자리, 독거노인, 의료와 요양뿐만 아니라 예상하지 못할 상황에 대한 분석이 필요한 시점이다. 한국이 고령화사회로 가는 데 있어 다른 선진국의 경우보다 이처럼 빠르게 진행된 이유 가운데 하나는 초저출산 현상과 무관하지 않다. 동아시아 발전국가인 한국과 대만 모두 세계 최저 출산율을 자랑하는 공통적 현상을 보인다.

한국의 2015년 출산율은 1.25이며, 세계 순위로는 220위로 가장 낮은 국가군에 속한다. 생산가능인구의 감소는 경제에 투입될 생산요소가 줄어들고, 구매력이 낮은 노인인구가 늘어남을 뜻한다. 경제성장률도 2001–2010년 연평균 4.42%에서 2051–2060년 1.03%까지 떨어질 것으로 예측된다. 저출산·고령화 사회의 '디스토피아'는 심각할 수 있다. 학교는 정원을 못 채우고 군대는 장정이 부족해 국가 방어에도 문제가 생길 수 있다. 국민연금이나 건강보험 같은 사회보장제도는 지속 가능성이 현저히 떨어질 수밖에 없다. 한국의 노인빈곤율은 45%로 경제협력개발기구(OECD) 주요 회원국들 중 가장 높은 수준이다. 한

표 1 초저출산 국가 비교

순위	국가명	합계출산율
220	한국	1.25
221	홍콩	1.18
222	대만	1.12
223	마카오	0.94
224	싱가포르	0.81

출처: 2015 The World Factbook.

국의 노인은 공적 연금복지 기반이 마련되어 있지 못한 상황에서 어쩔 수 없이 경제활동을 해야 하는 경우가 많다. 한국 노인의 경제활동 참 가율은 OECD 평균의 4배이다. 노인빈곤율 역시 4배이다. 일자리를 갖 고 있는데 제일 가난하다는 의미이다(문화일보 2017).

초·중·고·대학에 다니는 학령인구(6–21세)는 30년 뒤 현재의 절 반 수준으로 줄어들고, 지금의 군대 규모와 군 복무기간(21개월)을 유 지할 경우 병력자원은 2022년부터 부족해진다. 국민연금은 신규 가 입자가 줄어들고 보험 수령자가 늘어나 2044년부터 적자가 발생하고 2060년에는 바닥을 드러낼 것으로 추계된다. 건강보험 재정 역시 2035 년 고갈될 것으로 우려된다. 지금과 같은 추세라면 노인인구는 2015년 662만 명에서 2030년에는 1269만 명, 2050년에는 1800만 명으로 급 증한다. 이처럼 저출산·고령화 사회는 이미 한국 사회의 뉴노멀 현상 으로 인식되고 있다.

한국노인인력개발원에 따르면 65세 이상 노인 취업자 중 임금 근 로자의 비중은 47.5%에 불과하며, 임금 근로자이면서 상용직인 사람 의 비율은 더 낮아 10명 중 1명꼴(12.3%)이다. 만혼·비혼의 가장 큰 장애요인으로 청년 일자리 문제가 꼽힌다. 임금피크제, 근로시간 단축, 고용관계 개선 등 노동개혁을 통해 청년 일자리를 창출하고 유연한 노 동시장을 구축할 경우 청년들의 구직활동에 숨통이 트일 수 있다. 노동 개혁, 연금개혁, 초저출산 대비를 위한 개혁 등 다양한 영역에서의 개 혁이 필요하다는 의미이다. 경제개혁은 지속가능한 경제성장을 위해 필요하다. 문제는 한국과 대만이 민주화 이후 사회 내 다양한 이해세 력의 양립과 반목이 극대화되었으며, 사회 내 다양한 이해갈등을 제도 적 정당정치의 영역으로 이끌어내지 못하고 있다. 지속가능한 경제성 장을 유지하기 위해 다양한 영역에서의 개혁을 실행해야 하지만 세대 간, 계층 간 정치반목이 개혁의 발목을 잡고 있다. 초저출산과 고령화 사회로 빠르게 진입한 발전국가인 한국은 연금개혁을 둘러싸고 정치적 논쟁과 갈등을 지속해 왔다. 연금개혁의 필요성은 인정하나 공무원 연금제도가 형성된 발전국가의 제도적 특성으로 인해 개혁을 둘러싼 기득권 계층의 담론이 개혁 과정에 중요한 영향을 미치고 있다.

다. 연금개혁의 정치: 이론적 논의

저출산·고령화 시대가 도래함에 따라 연금개혁 문제는 정치 어젠다의 중심으로 자리 잡게 되었다. 연금 이슈는 노후 보장을 실질적으로 상징하고, 개혁의 내용에 따라 세대 간, 소득계층 간 갈등을 필연적으로 수반하기 때문에 복지 이슈이자 정치이슈일 수밖에 없다. 연금개혁은 궁극적으로는 '소득 재분배'라는 현대적 복지 개념을 실현하는 대표적 정책수단으로 인식된다. 이 때문에 연금정치라는 용어가 태동한 유럽에서처럼 한국 역시 연금을 둘러싼 논쟁이 정치화되어 왔다(연합뉴스 2015).

실제로 유럽에선 연금정치가 국가 권력의 향배를 가른 사례도 있다. 게르하르트 슈뢰더 전 독일 총리는 2003년부터 2005년까지 하르츠 개혁으로 일컫는 대대적인 연금 및 노동시장 개혁을 밀어붙인 결과 사민당 지지층인 노동자와 중산층 이하 계층의 대거 이탈을 야기하면서 정권을 내준 바 있다.[4] 당시 슈뢰더 전 총리는 개혁기간 동안 선거

---

4   '하르츠 개혁'은 게르하르트 슈뢰더 독일 총리가 2003년 노사정 대타협을 바탕으로 단행한 일련의 노동·복지·연금·세제 개혁 정책을 말한다. 사민당 정권은 개혁의 역풍으로 2005년 총선에서 패하면서 실각했고, 앙겔라 메르켈 총리가 이끄는 보수 성향의 기민당(CDU) 정부가 들어섰다. 메르켈 정부는 하르츠 개혁의 열매인 '일자리의 기적'을 바탕으로 독일 경제를 제2의 전성기로 이끌었다는 평가를 받지만 질 낮은 일자리만 크게 늘

에서 패배하는 결과를 맞이했지만 강력한 연금개혁과 노동개혁을 추진했다. '하르츠 개혁'은 조기퇴직 근로자와 청년실업자를 시간제근로자로 채용하는 기업에게 정부가 보조금을 지급하고, 실업자에게 저임금 일자리를 받아들이도록 유도하는 것이었다. 또 해고보호법을 완화하고 연금수령 연령도 67세로 높였다. 독일 실업률은 2005년 11.7%에서 최근 6.4%까지 떨어졌다. 하지만 슈뢰더 전 총리는 이 개혁 조치 때문에 선거에 져서 2005년 기민당의 앙겔라 메르켈 현 총리에게 정권을 넘겨줬다. 개혁은 이처럼 관련된 이해집단의 반발과 갈등에 의해 개혁의 걸림돌이 될 수도 또는 개혁이 진행됨으로써 개혁을 주도한 정치인의 정치적 생존에 큰 영향을 미칠 수 있다.

한국은 출산율과 기대수명 등을 고려할 때 앞으로 50년 안에 인구가 지금보다 20% 정도 감소할 것으로 예상된다. 인구 고령화 흐름이 진행되면 '세대 간 갈등'은 피할 수 없다. 당장 자신에게 돌아올 사회보장제도 축소에 반대하는 노년층과 세금 인상·연금 삭감 등을 우려하는 청년층이 충돌할 수밖에 없다. 신체적인 능력이 크게 중요하지 않은 지식 분야 전문직 일자리를 두고도 세대 간 갈등이 생길 수 있다. 노년층이 연금 등 사회보장제도로 공적 재원을 다 소비해버리면 다음 세대가 쓸 재원과 사회적 자원이 부족해질 수밖에 없는데, 현재 정부의 지출과 복지 혜택에 대한 경제적인 부담을 미래세대로 미루는 것이다. 한국도 낮은 출산율 때문에 인구 고령화가 빠르게 진행되고 있어 재정 격차가 계속 확대될 가능성이 크다. 인구 고령화 현상은 사망률과 출산율의 하락에 의해 유발되며 이로 인해 노년부양비율의 증가를 초래한다. 인구 고령화는 연금제도의 재정적 부담을 가져온다. 연금제도는

었다는 비난도 없지 않다.

기본적으로 세대 간 거래(overlapping generation transaction)의 틀에 기반하고 있다. 인구가 감소함으로써 세대 간 정치적 갈등은 노정될 수밖에 없다. 이는 연금의 재정이 정치적 위험(political risk)에 노출되어 국민연금에 대한 국민적 합의를 도출하기가 더욱 어려워지게 된다. 각국 정부는 특정 세대에게만 부담이 편중되지 않도록 사회보장제도와 세제를 개혁하되, 최대한 빠른 시일 안에 단행해야 함을 알지만 쉽지 않다. 시기를 미루면 미룰수록 세금 인상률이나 복지 혜택 축소 규모 등 충격이 크게 된다. 세금을 감면하며 동시에 공공 지출을 늘려서는 안 될 수 있다. 정부의 지출 규모가 절대적으로 크다는 뜻이 아니라, 세금을 낼 젊은 인구는 줄어드는데 부양해야 할 노인층은 빠르게 늘어나는 인구 변화를 감안하면 현재 정부의 지출액이 너무 많다는 이유에서다. 하지만 노동개혁과 연금개혁은 정치권의 어정쩡한 태도와 강성 노조의 반대 등으로 그동안 개혁이 잘 실행되지 못했다. 이에 본 연구는 한국의 노령화 사회에서 연금개혁의 정치경제적 분석에 초점을 두어, 개혁추진과 개혁반대를 둘러싼 다양한 담론경쟁 과정을 살펴봄으로써 개혁 과정의 제약과 함의를 이끌어내 볼 것이다.

　개혁을 둘러싼 정치적 갈등과 경쟁을 살펴보기 위해 '담론 제도주의' 시각을 본 논의의 이론적 분석틀로 사용하고자 한다. 담론 제도주의는 역사적 제도주의와 달리 보다 행위자 중심(agent-centered institutionalism) 특징을 보인다. 왜냐하면 담론 제도주의는 제도변화를 설명하기 위해 이념(ideas) 및 담론(discourse)을 강조하기 때문이다. 제도개혁과 관련된 다양한 이해당사자들의 이익도 중요하나, 사실상 행위자들의 이해는 이념(ideas)에 의해 재해석, 재구성될 수 있다. 또한 행위자들의 이해는 다양한 행위자들 간의 담론(discourse) 과정을 통해 변화되기도 한다. 담론이란 이념(ideas)이 공유, 설득, 경쟁하는 과정이다. 이념경쟁(battle of ideas)은 언론인, 싱크탱크, 전문가들의 몫이다. 중요한 질문은 왜 어떤 이념은 정책으로 받아들여지며, 다른 이념들은 그렇게 되지 못하는가 일 수 있다(Schmit 2009). 연금개혁을 둘러싸고 세대 간 갈등, 정부지출 확대(사회복지 증대, 좌파 정당)와 축소(사회복지 축소, 우파)를 둘러싼 정책기조 갈등, 기득권층과 개혁파, 대기업 금융기관과 시민사회의 이견 갈등 등 다양한 갈등의 축을 고려해 볼 수 있다. 다양한 집단의 담론경쟁은 설득력 있는 담론을 제시한 집단의 이해와 선호가 정책결정에 보다 많은 영향을 미치는 과정으로 전개된다.

라. 한국의 공무원연금개혁의 정치경제

한국의 공적연금은 국민연금, 공무원연금, 사학연금, 군인연금으로 구성되어 있다.[5] 국민연금의 기금규모는 2015년 500조 원에 이르며, 공무원연금은 2015년 8조 원 규모, 사학연금은 2014년 12조 원, 군인연금은 2013년 8600억 원 규모에 이른다. 공무원연금은 이미 2001년부터 적립금이 고갈되기 시작했으며, 군인연금은 1977년부터 기금이 고갈되었다. 사학연금은 2029년쯤 고갈이 예상된다(표 2, 그림 2 참조). 공무원연금과 군인연금을 합친 적자는 2020년이면 4조 원이 넘을 것

5 　한국의 공적연금은 '4대 연금'이라 불리는 국민연금, 공무원연금, 군인연금, 사립학교교직원연금(사학연금)이 이에 해당된다. 국민연금(1988년 도입)은 건강보험과 함께 한국 사회보장제도의 주축을 이루는 대표적 공적연금으로 일반국민을 대상으로 하며, 노령연금, 장애연금, 유족연금, 반환일시금의 형태로 급여를 제공한다. 한편 공무원연금(1960년 도입), 군인연금(1963년 도입), 사립학교교직원연금(1975년 도입)은 특수직역 종사자를 대상으로 하며, 퇴직, 사망, 재해가 발생할 때 급여를 제공한다.

표 2 공적연금 비교

	공무원	군인	사학
설치연도	1960	1963	1975
가입대상	국가·지방공무원	군인(부·준사관, 장교)	사립학교 교직원
가입자수(명)	107만3,000	18만 2,000	27만 6,000
수급자수(명)	36만 3,000	8만 2,000	4만 7,000
기여율(%)	14(정부7%, 공무원7%)	14(정부7%, 공무원7%)	14(법인7%, 교직원7%) 법인7%-정부(6):사학법인(4)
적립기금(원)	8조 4,000억	8,600억	14조 2,000억
국가보전의무	강제규정 (공무원연금법 제69조)	강제규정 (군인연금법 제39조)	임의규정 (사학연금법 제53조)

출처: 한국일보 2014. 11. 14.

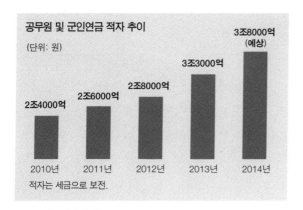

그림 2 연금적자 추이

자료: 기획재정부.

으로 전망이 되고 있다. 공무원연금개혁은 사실상 사학연금과 군인연금의 개혁까지 포함할 수 있다. 사립학교교직원연금법은 사학 교직원 연금액을 계산할 때 공무원연금 산정방식을 상당 부분 따르도록 규정돼 있는 등 공무원연금법을 준용하는 규정이 많다. 군인연금법도 공무원연금법이 개정될 때마다 관례적으로 그 내용에 맞춰 바뀌었다.

　고령화 사회가 빠르게 진행됨에 따라 이와 같은 공적연금의 재정적자 문제가 악화되면서 연금개혁의 필요성이 제기된 바 있다. 본 연구는 4대 공적연금 가운데 공무원연금개혁 과정에 초점을 두고자 한다. 그 이유는 앞서 언급했듯이 공무원연금이 4대 공적연금의 기본적 틀을 제공하고 있기 때문이며, 또한 동아시아 발전국가의 관료제 발전이 공무원연금제도의 기반과 함께 진행되어왔다는 특수한 역사적 배경 때문이다. 연금개혁의 필요성 가운데 논쟁적 이슈가 되는 사안은 고령화 사회에 따른 세대 간 갈등과 재정적자의 문제도 있으나, 국민연금과 다른 특수직역 연금 간의 계층 갈등과 관련된 이슈도 중요하다. 따라서 본 연구는 공적연금 가운데 공무원연금개혁 사례에 집중하여 이를 둘러싼 담론갈등 과정을 분석해 보고자 한다.

　한국은 동아시아 발전국가의 대표적 사례로 경제성장과 민주화 과정을 성공적으로 이뤄냈다. 빠른 경제발전이 가능했던 원인은 냉전 시기의 외부환경적 요소, 특히 미국의 경제원조 및 우호적인 통상환경도 중요했으나, 국가내부적 요인도 중요했다. 동아시아 발전국가의 빠른 성장의 주요인은 결국 국가 역할에 있다. 특히 관료의 자율성이 제도적·정치적 요인의 중요한 기반이었다. 한국의 발전 이면에는 이와 같은 관료제라는 제도발전이 중요했다. 공무원연금개혁과 관련하여 우선 발전국가의 관료제 발전의 역사적, 제도적 특수성이라는 배경을 이해해 볼 필요가 있다.

　거센크론(Gerschenkron 1962)은 개발도상국이 선발국을 추격하기 위해 '후발주자로서의 이점(advantages of backwardness)'을 살려야 했으며, 이를 위해 관료제를 중심으로 한 국가의 역할을 강조했다. 프랑스, 독일, 일본과 같은 후발선진국들은 경제발전에서 국가의 역할

을 확대해 왔으며 이러한 맥락에서 이들 국가의 공무원연금제도는 국
가전략의 정책적 수단으로서의 성격을 갖게 되었다. 후발개도국인 동
아시아 발전국가 역시 관료제 발전을 통해 경제성장 과정에서 국가의
역할을 확대해 왔다. 국가는 사회적 세력으로부터 관료체제의 구조적
자율성을 확보해야 했으며 이를 위해 관료체제의 신분보장과 경제적
보상을 위한 제도가 성립되었다(권혁주 2006, 33). 공무원연금제도가
사회적 이해관계로부터 공무원의 중립성과 자율성을 확보하는 적극적
제도라면, 공무원의 정치적, 경제적 권리를 제한하는 소극적 제도도 있
다. 공무원은 표현의 자유, 정치적 자유 등에서 제한을 받으며 노동 3권
의 일부가 제한을 받는다. 고위직의 경우는 재산을 공개해야 하며 퇴직
후 직무와 관련된 일정한 직업을 가질 수 없는 제약이 있다. 그런 점에
서 공무원과 관료제는 역사 제도적 특수성의 관점에서 이해해야 한다.

　　그러나 한국 사회에서 국가주도, 관료 중심의 국정운영은 다양
한 관점에서 비판되어져 왔다. 특히 신자유주의는 관료주의의 비효율
성을 비판하면서 국가와 관료의 역할이 축소되어야 한다고 강조한다.
2014년 4월 16일 세월호 참사는 한국 관료사회의 적폐를 여실히 드러
낸 비극이었다. 모피아에 대한 비판적 시각 역시 한국 관료제에 대한
정치개혁의 필요성을 부각시키기도 했다.[6] 그러나 동시에 시장 중심의
신자유주의 정책의 실패와 더불어 관료와 공무원의 자율성, 전문성은
강조되어야 한다는 시각도 존재한다. 공무원연금개혁과 관련해서도
이와 같은 상반된 시각이 제기된다. 공무원연금을 국민연금 제도와 통

6　모피아는 재무부 출신 인사를 지칭하는 말로 재정경제부(MOFE, Ministry of Finance
　　and Economy)와 마피아(MAFIA)의 합성어이다. 모피아는 재경부 출신들이 산하기관
　　을 장악하는 것을 마피아에 빗댄 표현으로 흔히 재무관료 출신이 마피아처럼 거대세력
　　을 구축해 경제계를 장악하는 현상을 '모피아의 득세'라고 일컫는다.

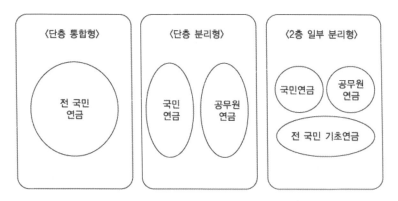

그림 3 공무원연금의 세 가지 이념형

출처: 권혁주(2006) 재인용.

합하여 공무원의 특수성을 배제하자는 시각과 공무원연금과 공적연금
제도를 분리하여 특수성을 유지해야 한다는 시각이 그것이다.

〈그림 3〉에서 볼 수 있듯이, 공무원연금에는 일반적으로 세 가지
이념형이 있다. 첫째는 단층통합형으로, 모든 국민을 포괄하는 하나의
공적연금제도를 운영하는 형태이다. 연금제도의 경우, 공무원연금을
별로도 만들지 않는 경우이다. 이런 유형을 취하는 나라는 극소수인데,
사회주의에서 자본주의로 이행한 헝가리와 폴란드가 속한다. 둘째, 단
층 분리형으로, 관료제의 특수성을 인정하고 그에 따른 공무원연금의
위상을 설정한 것이다. 이 경우 국민연금과 공무원연금은 서로 별개로
운영된다. 이에 속하는 나라는 독일과 프랑스, 그리고 한국을 들 수 있
다. 세 번째, 2층 일부 분리형으로, 전 국민이 기초연금제도에 참여하게
하는 기반에 더해 관료제의 특수성을 인정하여 국민연금과는 분리해
서 운영하는 경우이다. 이에 속하는 나라는 개별적 복잡성과 차이성에
도 불구하고 일본과 미국, 그리고 사회민주적 복지국가의 대표적 예인

스웨덴이 이에 속한다. 세 가지 이념형은 말 그대로 이념형이기 때문에 국가별로 다소 차이는 존재하며, 독일을 비롯한 다른 나라도 지속적으로 개혁 과정의 논의가 진행되고 있다.[7] 연금개혁과 관련한 핵심쟁점은 과연 어떤 이념형을 선택해야 하는 것인가 하는 점이다. 특히 민주주의 정치체제하에서 관료체제가 사회적 이해관계로부터 중립성을 확보하기 위해서는 어떠한 제도적 장치가 필요하며 그런 점에서 어떤 이념형이 보다 사회적 필요에 적실할 것인가에 대한 사회적 합의가 필요하다(권혁주 2006). 다음은 공무원연금개혁을 둘러싼 다양한 담론경쟁을 살펴보기로 한다.

(1) 2015년 개혁담론의 경쟁

공무원연금제도는 1993년부터 재정적자가 시작되었으며, 2015년까지의 적자 규모는 10조 원 정도이다. 앞으로 10년 동안 적자가 50조 원으로까지 늘어날 수 있다고 우려되고 있다. 공무원연금제도는 제도 도입부터 인사관리와 후생복지 기능을 포함한 종합적 지원제도로서 시작되었다. 그러나 고령화 사회 등 환경이 변화함에 따라 재정적자의 위기가 심각해졌고, 공무원연금제도의 지속가능성에 한계를 드러냈다. 공무원연금은 그동안 재정절약적 개혁이 진행되어 왔으나 2009년에도 모수적 개혁에 머물렀다. 그 이유는 공무원 노조가 개혁 과정에 참여함으로써 정책이슈 및 의제 형성 과정에서 실질적인 거부자의 역할을 담

---

7   예를 들면 프랑스와 독일은 모든 공무원이 우리나라와 같이 공무원연금에 가입할 수 있는 것은 아니라고 한다. 사회적 이해관계를 조정하기 위해 전문성과 자율성이 요구되는 공무원들에게만 가입하도록 하고 이 경우 노조가입 등이 불허된다. 일상적인 업무를 수행하는 공무원들은 일반국민과 같이 국민연금에 가입해야 할 것인가 하는 점 등이 논의의 대상일 될 수 있다(권혁주 2006, 36).

당하여 개혁의 강도를 약화시키는데 큰 역할을 했다(민효상 2011).

2015년 5월 국회를 통과한 공무원연금개혁은 구조적 개혁을 통한 연금재정 불안정과 국민연금과의 형평성 문제를 해소하지 못한 채 과거의 개혁과 크게 다르지 않은 수준에서 마무리되었다는 평가와 개혁 과정과 내용이 바람직했다는 서로 다른 평가가 공존한다. 그럼에도 2015년 공무원연금개혁이 모수적 개혁으로 귀결되었음에는 이견의 여지는 없다. 공무원연금의 재정건전성 개선을 위한 개혁이 1995년, 2000년, 2009년 각각 시행되었으나 다양한 이해관계의 절충 과정에서 단기적 처방에 머무는 모수적 개혁의 한계를 반영하고 있다. 2015년 공무원연금개혁은 기존의 7%에서 9%로 부담률 및 기여율을 증가하고, 연금지급률은 1.9%에서 1.7%로 인하하며, 연급지급 개시연령은 60세에서 65세로 연장하여, 향후 70년간 정부보조금 497조 원 절감 및 정부 총 재정부담 333조 원 절감이라는 모수적 개혁안을 이끌어냈다. 우선 공무원연금개혁의 담론경쟁을 살펴보면 다음과 같다.

① 개혁추진 담론: 통합안

공무원연금을 구조적으로 개혁해야 한다는 필요성에는 다음과 같은 몇 가지 이유가 제시된다. 첫째, 공무원연금은 비교적 국민연금에 비해 관대한 급여조건을 지니고 있다. 연금지급의 최소 재직기간(20년)을 충족하는 공무원 수도 증가하여 결국 높은 연금급여에 비해 낮은 기여금 부담으로 인해 1993년부터 재정적자가 발생한 후, 1997년 외환위기를 거치면서 재정불안은 현실화되었고, 조세를 통한 적자보전 규모가 급증하게 된 것이다. 이에 정부는 3차례의 개혁을 실시하였으나 재정건전성은 개선되지 않아 정부보전금 규모는 급증하게 되어 2016년부터 2025년까지 그 규모는 약 70조 원에 이를 것으로 추계되고 있다.

둘째, 공무원연금개혁의 불가피성의 또 다른 원인은 민관 간 형평성의 문제이다. 2013년 말 기준, 국민연금 전체 수급자의 월 평균 연금급여액은 약 31만 원이며, 20년 이상 가입자의 평균 연금급여액은 약 85만 원이다. 공무원연금 전체 수급자의 월 평균 연금급여액은 약 219만으로 수급액 차이가 두 배 이상이다. 2016년 기준으로 국민연금 연 평균액은 432만 원이며 이 중 연금액수가 적은 특례노령연금 수령자를 제외하면 588만 원이다. 20년 이상 장기 가입한 사람만 모아서 평균을 내도 1066만 원이다. 이와 달리 사학연금 한 해 연금수령액은 3000만 원을 넘는다. 사학연금이 적게는 국민연금의 3.1배, 많게는 7.8배에 달한다는 것이다(중앙일보 2016). 이러한 두 연금 간 급여 격차로 인해 공적연금 수급자 간 급여의 형평성 문제가 제기되고, 은퇴자의 노후소득 불공평 문제로 이어질 가능성이 커지게 된다. 퇴직공무원에게 지급되는 연금급여수준을 유지하기 위해 연금재정을 조세로 충당하는 규모가 확대될 것으로 예상되어 공무원연금개혁에 대한 국민의 공감대가 커지게 된 것이다.

박근혜 정부는 2014년 2월 25일 '경제혁신 3개년 계획'의 일환으로 공무원연금개혁을 핵심 국정의제로 제시하였다. 정부여당은 야당과 노조에서 주장했던 모수적 개혁에 대해서는 근본적인 문제해결이 쉽지 않으므로 국민연금과 통합할 수 있는 구조개혁이 필요하다고 주장해 왔다. 개혁방향은 공무원연금의 수급부담구조를 장기적으로 국민연금과 맞추고 2016년 이후 신규 공무원에게는 국민연금과 동일한 보험료를 9%와 표준 급여수준 40%를 적용하는 방향의 개혁안을 제시하였다. 이를 통해 공무원연금과 국민연금의 틀을 일원화하고자 한 것이다. 단 공무원연금 지급 비율을 국민연금 수준(1.0%)으로 낮추는 대신 정부가 일부 지원하는 저축계정(개인 4%, 정부 2% 부담)을 도입해

소득대체율(월급 대비 연금지급액)을 보완하는 방식을 제공하였다. 여당이 제시한 안은 공무원연금의 소득대체율이 현행 제도보다 많이 낮아진다는 우려가 있기 때문에 이를 보완하는 차원에서 개인연금저축을 의무적으로 가입하도록 한 것이다(조선비즈 2015). 2014년 세월호 참사로 인해 관료사회에 대한 불신이 높아지면서 공무원연금에 대한 문제의식이 고조됨에 따라 공무원연금에 대한 개혁은 추진력을 얻는 듯 보였다.

② 개혁반대 담론: 분리안

공무원노조는 정부여당의 개혁안에 대해 공적연금의 하향평준화 및 기존 공무원과 신규 공무원 간의 갈등을 야기할 가능성을 지적하면서 반대의사를 표명하였다. 공무원 입장은 다음과 같다. 첫째, 우선 자주 비교되는 국민연금은 전 국민을 대상으로 하는 사회보험 형태의 연금 제도지만 공무원연금에는 퇴직금, 노동 3권, 산재보험 등의 제약에 대한 인사정책적 보상이 들어 있다는 입장이다. 또한 국민연금보다 보험료를 많이 내며 연금수령 기간도 20년 이상 가입해야 하기 때문에 덜 내고 많이 받아가는 게 아니라 오래 더 내고 그만큼 받아간다는 것이다. 이충재 전국공무원노조 위원장은 공무원 보수는 100인 이상 민간기업 대비 78%(일반직), 퇴직금은 많아야 39% 수준이라는 점도 강조하고 있다. 둘째, 연금의 재정 악화에 대해선 정부가 IMF 위기 당시 공무원 구조조정과 이후 공적자금으로 기금을 써 재정위기가 초래됐다는 주장이다. 따라서 국가가 공적연금을 강화해야 하며 현행 연금보다 후퇴하는 개혁안은 수용할 수 없다는 것이 전국공무원노동조합의 입장이다. 전국공무원노동조합 관계자는 "공무원연금을 국민연금 수준으로 낮출 것이 아니라 국민연금을 높여 국민의 노후소득을 보장해야 한다"고 말해, 공무원연금개혁 반대를 분명히 했다. 그는 이어 "공무원 연금은 국가와 공무원의 근로관계에서 생기는 후불임금뿐만 아니라 퇴직금 일부와 산재보험 성격도 함께 지녔다"며 "각종 금지의무 등이 부과된 직업공무원제도를 정착시키기 위해 도입된 것이니 특수성이 보장되는 쪽으로 개혁해야 한다"고 주장했다.

셋째, 공무원연금의 개혁이 하향평준화로 이뤄질 경우 공적연금 에 대한 국민의 신뢰와 의존도가 약해질 것이란 전망도 나온다. 이런 정서가 확산되면 사적연금 의존도가 커지게 되고, 이는 대기업 중심의 금융시장의 이익으로 돌아가리란 분석이 나온다. 공무원연금개혁안을 설계한 한국연금학회와 전문가들의 성향이 친자본적이란 지적이 이 주장을 뒷받침하고 있다.

연금개혁 초기에 공감을 표시하던 야당이 공무원노조의 입장을 수용하면서 정부여당의 연금개혁 의지는 한풀 꺾이기 시작했다. 이후 이해관계 대립이 고조되자 2014년 여야는 국회 내에 공무원연금개혁 특별위원회와 국민대타협기구를 구성하여 사회적 합의를 도출하기로 결정한다. 국민대타협기구에서 공적연금에 대한 합의안을 만들면, 특 위가 입법권을 갖고 합의안을 심사하는 구조이다. 공적연금 강화를 위 한 공동투쟁본부(공투본)는 국민대타협기구 참여를 결정하면서 공적 연금 전반 논의와 공무원연금법과 국민 노후소득보장 관련법 동시 처 리를 요구하였다.[8] 공투본의 핵심적 주장은 "국민연금의 출산 크레딧 을 선진국 수준으로 강화하고 연금사각지대를 해소하며 실질적인 국 민연금을 상향시키는 것이 시급한 과제"라면서 "모든 국민의 적정한 노후소득보장을 확보하도록 적정 노후소득대체율을 합의하고 이를 근

8   한국교총·공노총·공무원노조·전교조·우정노조 등 50여 개 단체가 참여하고 있는 공투 본의 국민대타협기구 참가는 결정 단계부터 우여곡절이 많았다.

거로 국가의 책임성을 강화하는 공적연금 전반의 제도개선을 위해 국민과 함께 노력해 나가야 한다"고 주장했다(아시아투데이 2015). 국민대타협기구는 90일간(2014. 12. 29~2015. 3. 28.) 활동하였으며, 3월 28일부로 활동을 종료하였다. 국민대타협기구는 연금재정의 지속가능성, 공적연금제도 간 형평성, 공무원 노후소득보장의 적정성을 추구하는 방향에서 공무원연금개혁의 원칙과 방향성 및 필요성에 대하여 인식을 같이 하였다. 미진한 쟁점사항에 대해서는 실무기구를 구성하여 협의를 계속해 나갈 것을 양당 원내대표에게 건의 및 요청을 하기로 합의하였다.

③ 모수적 개혁안

공무원연금개혁대타협기구(이하 대타협기구) 종료에 따른 후속 논의가 2015년 3월 30일 여야 간 합의된 실무기구를 통해 곧 시작되었다.[9] 〈표 3〉에서 볼 수 있듯이, 기본적 쟁점은 '구조개혁안'과 '모수개혁안' 간의 경쟁이다. 새누리당의 구조개혁안을 보완한 '김태일안', 새정치민주연합이 선호하는 모수개혁에서 재정절감 효과를 끌어올린 '김용하안' 등 절충안 중심으로 단일안 마련을 위한 협상이 지속되었다. '김태일안'은 여당이 선호한 반면, 야당과 공무원노조가 반대하였다. '김용하안'은 새정치연합과 공무원단체의 요구를 반영한 것이다. 당초 여당은 새직·신규임용자를 구분해 연금지급의 차등을 두는 '구조개혁안'을 주장했다. 재직자는 현행 구조를 유지한 채 '더 내고 덜 받는 모수 개혁'을 하되 신규 진입자들에 대해선 국민연금과 같은 연금 방식을 적용해 장기적으로는 두 연금을 통합하겠다는 것이다. 야당은 구조개혁 없이 현행

---

9   실무기구를 정부와 노동계 대표 각 2명, 여야 추천 전문가 각 2명, 여야가 합의한 공적연금 전문가 1명 등 총 7명으로 구성할 예정이었다.

표 3 공무원연금개혁안 비교

	현행	새누리당·김태일안 공통	김용하 안	새정치민주 연합안(추정)	공무원노조안
공무원기여율	7.00%	재직자 10% (2018년까지 순차적 증가) / 신규자 4.5% (2016년 이후 적용)	10.00%	7%+α	정부와 공무원 1:1이 아닌 정부가 더내는 방식
연금지급률	1.90%	재직자 1.25% (2026년까지 순차적감소) / 신규 1% (2028년까지 순차적감소)	1.65%	1.9%-β	1.90% 하한선
실제 연금수령액 (30년근속 300만원)	171만원	113만원(재직) / 90만원(신규)	149만원	-	-
재정절감효과	-	356조원(2080년기준)	429조원 (2085년기준)	-	-

*공무원 기여율: 정부와 공무원이 1:1로 납부, 현행 7%인 경우, 총 연금 기여율은 정부 납부분 7%포함해 14%임.
 공무원단체안은 1:1이 아닌 정부가 더 내야 한다는 입장, ** 연금지급률: 월 수령 연금액을 정하는 기준, 높을수록 연금수령액이 높아짐

체제에서 '더 내고 덜 받는 모수개혁안'을 주장해왔다.

　'김태일안'은 실질적인 연금삭감액을 보전하기 위해 공무원연금 공단에 별도의 저축계정을 두는 형태다. 정부와 연금 당사자가 일정 비율로 불입해 연금개혁에 따른 삭감액을 부분적으로 보완해주는 형태인 것이다. 야당이나 공무원노조는 공적연금의 역할이 줄어들고, 정부 지원 부분이 점진적으로 축소될 가능성이 크다는 우려를 이유로 극구 반대하였다. '김용하안'은 현재의 구조를 유지하면서 연금기여율(월급 대비 매월 납부하는 보험료 비율)을 10%로 올리고 지급률(재직연수 1년을 채울 때마다 현 소득 대비 은퇴 후 받는 연금액을 계산한 비율)을 1.65%로 내리는 안이다. 이 경우 소득대체율(재직 시 급여 대비 지급 받는 연금 비율) 50%대를 맞추게 되고, 정부와 공무원의 납부액을 현재와 같이 1 대 1 매칭으로 하면서도 정부의 추가 보전 없이 유지가 가능한(수지 균형) 구조라는 설명이다. 여당은 재정절감효과에 대해서는 절

충안으로 받아들일 수 있어도, 구조개혁안은 포기할 수 없다는 입장이다. 공무원노조는 기본적으로 구조개혁안에 반대하기 때문에 '김용하안'이 좀 더 받아들일 수 있는 안이다. 공무원노조는 더 낼(기여율을 높일) 수는 있지만 소득대체율을 현행대로 유지돼야 한다는 입장이다. 역시 구체적인 수치를 놓고선 '김용하안'과 거리가 있는 것이다. 결국 정부와 여당이 구조개혁안을 포기할 수 있느냐, 또 야당과 공무원 노조가 자신들의 안 보다 재정절감 효과를 높이는 안을 수용할 수 있느냐가 단일안 채택의 주요 변수가 될 전망이었다.[10]

정부, 여당, 공무원노조 등이 제시한 공무원연금개혁안 5가지[11] 가운데 '김용하안'이 향후 70년간 재정절감 효과가 총 394조 5000억 원으로 가장 큰 것으로 나타났다. 여당이 주목하는 '김태일안'은 향후 15년간 재정절감 효과는 82조 6000억 원으로 가장 컸지만, 장기적으론 김용하안보다 적었다. 새누리당과 김태일 교수안의 재정절감 효과는 (2080년까지) 356조 원으로 예상되며 김용하 교수의 안은 (2085년까지) 429조 원 정도 된다. 새누리당은 '김용하안'이 재정 절감 효과가 크다면 충분히 협상할 가치가 있다고 보았다. 이는 새누리당이 고수해 온 '구조개혁'을 양보할 수 있음을 반영한 것이다.

모수적 개혁안은 '김용하안'과 유사한 방향으로 채택되었다. 공무원노조는 공무원연금과 국민연금을 접목하려는 시도에 대해 강력한 반대입장을 표명하였다. 여야는 결국 기존의 틀을 유지한 채, 보험료 인상, 지급연금액의 5년간 동결 및 지급율의 소폭 인하 등의 모수적

---

10   "김태일안, 김용하안? 공무원연금2라운드 쟁점은?" the300.mt.co.kr/newsView.html?no=2015032914347694703

11   개혁안은 공무원연금개혁 협상 과정에서 공개된 새누리당안(案), 정부기초제시안, 김태일안, 김용하안, 공무원단체추정안 등 5개다.

개혁에 합의했으며, 2015년 5월 29일 국회를 통과하게 된다. 연금재정 안정화를 위해 기존 소득월액의 7% 부담에서 2020년까지 단계적 9%로 인상하며 연금지급률은 1.9%에서 1.7%로 20년에 걸쳐 낮추는 계획을 포함했다.[12]

개정법은 공무원연금 지급개시 연령을 단계적으로 65세까지 연장토록 했다. 현행 60세인 공무원연금 지급개시 연령을 단계적으로 연장해 2033년 이후에는 65세부터 연금을 수령토록 해 공무원연금과 국민연금의 지급개시 연령이 같아지게 했다. 매년 소비자물가상승률만큼 인상하던 연금액을 2020년까지 5년간 동결키로 했다. 현재 연금을 받고 있는 퇴직자도 개혁에 동참해 고통을 분담시키기 위한 것이다. 따라서 2015년 연말 기준으로 공무원연금을 받고 있는 39만 명은 2016부터 2020년까지 5년간 동결된 연금을 받게 된다. 이를 통한 재정절감효과는 향후 30년간 약 37조 원으로 예상된다. 유족연금 지급률은 퇴직연금의 70%에서 60%로 낮췄고 공무원들의 연금 기여금 납부기간을 33년에서 36년으로 연장했다.

2015년 공무원연금개혁은 공무원의 반대로 인해 재직자의 기득권이 지켜진 개혁안이라고 평가되기도 한다. 시민사회단체들은 "이번 공무원연금개혁안의 최대 수혜자는 민간연금 운용사들"이라고 주장하고 있다. 박근혜 정부가 발표한 '사적연금 활성화 대책'과 맥락을 같이하는 것으로 보는 것이다. 정부가 8월 27일에 발표한 사적연금 활성화 대책은 퇴직연금 의무 가입대상을 넓히고 운용 규제를 푸는 게 핵심이다. 구체적으로는 2022년까지 모든 기업이 퇴직연금제도를 도입하도록 의무화한다. 중소기업에는 기금형 퇴직연금제도를 도입해 자산 운

---

12   예를 들면 평균소득이 320만 원, 재직연수 30년이면 지급률 1.7%를 곱해서 매월 연금 지급액은 1,632,000원이 되는 것이다.

용의 효율성을 높이도록 했다. 퇴직연금 가입자 확대를 위해 세액공제 등의 세제 지원과 재정 지원을 하는 방안도 포함했다. 정부는 제도가 안착하면 2022년에는 10인 미만 사업장까지 퇴직연금을 도입하게 돼 530만 명이 퇴직연금에 가입할 것으로 내다보고 있다.

(2) 개혁담론의 정치

공무원연금개혁이 점진적 개혁, 모수적 개혁 패턴을 보인 이유는 무엇인가? 공무원개혁은 주요 공적연금인 국민연금과의 비교에 개혁의 쟁점이 집중된다. 공무원연금은 주요 공적연금인 국민연금보다 소득대체율이 더 높다. 이는 공무원연금이 공적연금과 직역연금이라는 두 가지 성격을 지니고 있기 때문이다. 국민연금보다 높은 연금은 직역연금에 해당하는 부분으로 공무원 재직 기간 중 정치활동 금지, 노동3권 제한 등 신분상 제약에 대한 일종의 보상으로 간주한다.[13] 이러한 두 성격은 공무원연금의 특수성에 기인하지만 국민연금과의 형평성 문제를 가져왔다. 2015년 6월 개정은 기여율, 지급률, 지급개시 연령 등 모수조정으로 이루어졌으며, 이에 따라 국민연금과 공무원연금의 형평성 문제는 여전히 남아 있다는 평가가 지배적이다(백운광 2016). 국민과 공무원은 각각 국민연금과 공무원연금에 대해 인식하는 것에 차이가 있다. 일반국민은 공무원연금도 국민연금과 같은 사회보장제도의 하나로 이해하는 것에 비해, 공무원은 공무원연금을 인사행정제도의 하나로서 공무원의 특수성에 따른 차별성이 필요하다고 인식하고 있다

---

13 직역연금이란 특정 직업 또는 자격에 의해 연금수급권이 주어지는 연금으로 소속 노동자는 모두 의무 가입해야 한다. 공무원연금·사립학교교직원연금·군인연금·별정우체국직원연금 등이 이에 해당된다.

(서원석·최무현 2010). 한국 사회의 관료제는 아직 특수직역이므로 국민연금과 통합되어야 한다는 담론이 아직까지는 설득력 있게 제시되지 못했다. 발전국가인 한국이 관료제의 성장과 더불어 발전되어 왔기 때문에 이러한 특수직역에 대한 경제적 보상체제를 급격히 줄이는 구조개혁안은 쉽사리 선택되지 못했다. 공무원집단의 강한 반대와 정당 간 파열은 단일안 합의라는 시간적 압력에 의해 절충안인 모수적 개혁안을 선택하도록 했다.

마. 결론

연금개혁은 한국 사회의 핵심적인 개혁이슈일 뿐만 아니라 전 세계적인 화두이다. 프랑스 정부가 지난 2010년 공적연금 수령 연령을 65세에서 67세로, 연금 수급개시 연령을 60세에서 62세로 올리는 개혁안을 발표하자 전국적으로 반대 시위가 벌어졌다. 프랑스 국민들은 정부가 대기업에는 세금을 감면해주면서 연금제도를 개혁하는 꼼수로 부족한 세수를 충당하려 한다며 반발했다. 재원 대부분을 재정으로 충당하는 프랑스 공적연금은 개혁이 이뤄지지 않으면 적자액이 2020년 207억 유로(약 26조 원)까지 급증할 것으로 전망됐다.

초저출산, 고령화 사회로 급속하게 이동한 한국 사회 역시 연금개혁은 세대 간, 계층 간 갈등의 핵심 이슈로 부각되었다. 동아시아 발전국가의 대표적인 사례인 한국은 관료제의 발전을 통해 경제성장 과정에서 국가의 주도적 역할을 지속해 왔다. 관료제는 공무원집단에 대한 경제적 보상체제인 연금제도를 통해 발전해 왔다. 그러나 1997년 외환위기와 글로벌 경제위기 이후 한국 사회는 지속가능한 발전 동력을 상실하였고, 초저출산과 고령화 사회가 빠르게 진행되어 정부 재정적자를 악화시키는 연금제도에 대해 보다 근본적인 개혁이 필요하다는 목소리가 커지게 되었다. 공무원연금제도와 국민연금제도를 통합해야 한다는 주장과 공무원집단에 대한 특수성을 인정하여 국민연금제도와는 별개로 운영되어야 한다는 등 기득권 계층과 일반국민의 이견이 지속되었다. 최근 일반국민은 기득권 계층인 관료에 대해 보다 비판적으로 인식하게 됨으로써 근본적인 개혁추진이 필요하다고 주장한다.

연금개혁의 핵심적 쟁점은 '구조개혁안'과 '모수개혁안' 간의 싸움이었다. 즉 국민연금과 공무원연금과의 통합이냐, 분리냐의 문제이다. 2015년 공무원연금개혁은 모수개혁안으로 결정되었으며, 기존의 분리된 구조를 유지한 채 재정절감 효과 문제를 해결하고자 했다. '더 내고 덜 받는' 모수적 방식으로 문제를 풀고자 한 것이다. 아직까지는 발전국가의 관료제의 특수성을 유지하려는 이해집단과 담론이 개혁 과정에 보다 강력한 영향력을 미치고 있음을 알 수 있다.

2015년 법 개정으로 공무원연금개혁이 완료된 것은 아니라는 데에는 이견이 없다. 향후 경제상황이 급변하고 국가재정이 악화된다면 공무원연금 총 재정부담을 줄이기 위한 추가 개혁이 불가피하다는 게 정부와 학계의 설명이다. 그동안 쌓인 524조 원 규모 공무원연금 충당부채를 해소하는 방안을 마련해 궁극적으로 수지 균형을 달성해야 한다는 구조개혁 요구에 부응하지 못한 점도 한계로 지적된다. 아울러 신규 공무원 임용자가 받는 연금액이 기존 공무원의 연금액에 비해 낮아 세대 간 차별이 존재한다는 점, 연금 수령액을 지나치게 천천히 깎음으로써 사실상 기존 공무원의 기득권을 인정했다는 점 등이 지적되고 있다.

발전국가에서 그동안 보장해 줬던 관료제와 공무원집단의 특수성은 공무원연금제도를 통해 지속되어 왔다. 그러나 초저출산, 고령화 사회에 돌입함에 따라 정부재정적자의 문제가 심각하게 대두되었고, 이는 세대갈등과 계층갈등의 측면으로 부각되어 연금제도의 개혁이 불가피하게 되었다. 일반국민들은 공무원집단을 기득권계층으로 인식함에 따라 계층 간 불균등한 격차를 줄여야 한다고 인식하게 되었다. 앞으로 공무원연금개혁이 보다 과감한 구조적 개혁으로 나아갈지의 여부는, 이를 정당화하는 다양한 담론 경쟁이 보다 본격화되고, 구조개혁 담론이 타당한 논리로 설득력이 높아지느냐에 달려 있다.

참고문헌

고원. 2015. "4차 공무원연금개혁의 정치 과정과 개혁 결과에 대한 연구: 권력중심 행동이론의
　　관점을 중심으로."『사회과학연구』28(1).
권혁주. 2006. "공무원연금의 개혁과 정책적 쟁점."『보건복지포럼』통권119호.
민효상. 2011. "왜 2009년 공무원연금제도개혁은 점진적(moderate) 개혁에 머물렀는가?-
　　정책결정과정과 정치, 제도적 특성을 중심으로-."『한국정책학회보』20(1).
박용철. 2015. "고령화 시대의 노동: 임금 피크제의 문제점과 바람직한 발전방향."『노동사회』
　　183권.
박정호. 2015.『고령화사회, 고령사회, 초고령사회』. KDI 경제정보센터.
백운광. 2016. "공무원연금개혁 사례와 시사점: 공무원연금개혁, 평가와 과제."『민주사회와
　　정책연구』29(0).
서원석·최무현. 2010. "공무원연금제도 개편에 관한 국민과 공무원의 인식차이에 관한 연구."
　　『한국인사행정학회보』9(1).
손종칠 외. 2015. "인구 고령화에 따른 노동력 재편 방향 연구." 기획재정부 학술연구용역.
임유진. 2014. "정당경쟁과 국민연금개혁의 복지정치."『한국정치학회보』48(1).
정문주. 2015. "고령화 시대의 노동: 고령자 고용 현황과 정책 방향."『노동사회』183권.
한형서. 2003. "일본의 노령화 사회와 복지제도의 변화."『월간 아태지역 동향』139권. 한양대
　　아태지역연구센터.

문화일보. "노인일자리 대책 아닌 대책." 2017. 1. 26.
아시아투데이. "공무원단체 노조 '대타협기구 중간발표' 입장은?" 2015. 3. 10.
연합뉴스. "연금정치 서막." 2015. 5. 8.
조선비즈. "김세연, 공무원연금개혁, 복수안이라도 특위에 올릴 것." 2015. 3. 24.
중앙일보. "역시 사학연금, 국민연금의 3-8배." 2016. 12. 29.
한국경제. "아시아 네마리 용의 우열이 갈리고 있다." 2015. 12. 30. 사설.

Geddes, Barbara. 1995. "Challenging the Conventional Wisdom," in *Economic Reform
　　and Democracy* Diamond, Larry and Marc and F. Plattner. Baltimore and London:
　　The Johns Hopkins University Press.
Gerschenkron, Alexander. 1962. *Economic Backwardness in Historical Perspective.*
　　Belknap Press.
Haggard, Stephan and Robert R. Kaufman. 1995. "The Challenges of Consolidation,"
　　Ch. 1. *Economic Reform and Democracy* Diamond, Larry and Marc and F. Plattner.
　　Baltimore and London: The Johns Hopkins University Press.
Hall, Peter and David Soskice. 2001. *Varieties of Capitalism: The Institutional
　　Foundations of Comparative Advantage.*

Jacobsen, John Kurt. 1995. "Much Ado About Ideas," *World Politics* 47(2).

Krugman, Paul. 1994. *Peddling Prosperity: Economic Sense and Nonsense in the Age of Diminished Expectations.* New York and London: W.W. Norton & Company.

Lim, Haeran. 2009. "Democratization and the Transformation Process in East Asian Developmental States: With a Focus on Financial Reform in Korea and Taiwan," *Asian Perspective* 33(1) Spring.

Lim, Haeran. 2010. "Transformation of Developmental States and Economic Reform in Korea," *Journal of Contemporary Asia* 40(2).

Maravall, Jose Maria. 1995. "The Myth of the Authoritarian Advantage," in *Economic Reform and Democracy*, Diamond, Larry and Marc and F. Plattner. Baltimore.

Nelson, Joan M. 1995. "Linkages Between Politics and Economics," in *Economic Reform and Democracy* Diamond, Larry and Marc and F. Plattner. Baltimore.

Polanyi, Karl. 1944. *The Great Transformation: The Political and Economic Origins of Our Time.* New York: Farrar and Rinehart, ins.

Schmidt, Vivien A. 2008. "Discursive Institutionalism: The Explanatory Power of Ideas and Discourse," *Annual Review of Political Science.* 11: 303-26.

Schmidt, Vivien. A. 2009. "Putting The Political Back Into Political Economy By Bringing The State Back In Yet Again," *World Politics* 61(3) July.

Shin, Jang-Sup and Ha-Joon Chang. 2005. "Economic Reform after the Financial Crisis: A Critical Assessment of Institutional Transition and Transition Costs in South Korea," *Review of International Political Economy* 12(3).

Thelen, Kathleen and Sven Steinmo. 1992. "Historical Institutionalism in Comparative Politics," in Sven Steinmo, Kathleen Tehlen, and Frank Longstreth, eds., *Structuring Politics: Historical Institutionalism in Comparative Analysis.* New York: Cambridge University Press.

http://www.vop.co.kr/A00000818811.html

http://www.korea.kr/celebrity/contributePolicyView.do?newsId=148816144

http://www.yonhapnews.co.kr/bulletin/2015/05/08/0200000000AKR20150508082400001.HTML

IV   저출산·고령화 문제의 대안적
패러다임: 테크놀로지, 공유경제,
기본소득

이근(서울대학교)

1. 들어가며: 도구적 인구론의 시각에서 인권적 인구론의
시각으로

이 글은 저출산·고령화라는 문제에 대한 인식, 그리고 해결책을 포함한 전반적 패러다임에 있어서 기존의 패러다임을 버리고 새로운 패러다임으로의 전환을 촉구하는 것을 목적으로 한다. 기존의 저출산·고령화에 대한 인식 및 이해, 그리고 저출산·고령화로 인해 생겨나는 문제에 대한 해결책은 인간을 특정 경제적, 안보적 목적을 위한 도구적 존재로 보는 시각에서 벗어나지 못하고 있으며 그 도구적 시각의 효용성이 한계에 달하고 있음에도 불구하고 주류 논의는 그 패러다임에서 벗어나지 못하고 있다. 그 결과 효용이 한계에 온 패러다임 안에서 정책적 고려를 하게 되어 사실상 조속한 기간에 인구를 대대적으로 늘려야만 한다는 불가능을 가능하다고 전제하는 오류를 범하고 있으며 그로인해 정책발상도 출산율 제고를 통한 젊은 인구의 숫자를 늘리는, 이른바 인간을 국가 경제와 안보의 도구로 보는 도구적 시각 내에서의 억지 미세조정 속에 머무르고 있다. 그러다 보니 행정자치부에서는 가임기 여성 인구수를 표시한 "대한민국출산지도"까지 만들어 내었고 이 지도는 여성을 출산 기계 취급한다는 강력한 비난의 대상이 되었다.[1]

좀 더 부연하여 이를 설명하면 다음과 같다. 젊은 인구가 계속 증가해야 한다는 시각과 주장은 젊은 인구를 경제성장과 고령인구 부양, 그리고 국가 안보 담당의 도구로 보는 전형적인 도구론적 시각이라고 할 수 있다. 반면에 고령인구는 그러한 도구론적 효용이 떨어지는 인간이고 국가적 목적 달성이라는 면에서 볼 때 쓸모없는 부담이라고 보는

---

1 경향신문, 2016년 12월 29일. 현재 "대한민국출산지도"가 올라간 행정자치부 웹사이트 birth.korea.go.kr에서 대한민국출산지도가 삭제되어 있다. (2017년 1월 30일 검색)

시각이라고 할 수 있다. 따라서 효용이 떨어지는 고령인구의 비율은 줄이고 효용이 큰 젊은 인구의 비율을 늘려야 한다는 것이 기존 패러다임의 핵심이다. 여기에 남성과 여성의 역할 분담과 효용의 문제를 추가하여 생각해 보면 젠더에 있어서 2차적으로 성차별화된 도구론적 시각이 적용되면서 또 한 번 도구론이 강화된다는 것을 알 수 있다. 위에서 언급한 대한민국출산지도에 나타나 있듯이 여성은 젊은 인구를 늘리기 위한 인구 생산의 도구로 재인식되게 되어 사실상 경제성장과 안보면에서 일차적 도구의 최고 효용성을 가진 젊은 남성에 비해 도구적으로 성적 차별을 받게 된다. 최근에는 고령인구가 늘어나고, 기술이 발달하여 인간이 담당하는 경제적, 안보적 부담이 예전에 비하여 크게 감소하였기 때문에 남아에 비해 여아를 선호하는 현상이 생겨나고 있으나 여성을 인구수를 늘리기 위한 도구로 보는 시각에 있어서 주류 논의는 근본적인 변화를 보이고 있지 않다.

　인간을 이렇게 경제적, 안보적 도구로 보는 기존 패러다임에서는 경제구조의 변화, 기술의 발달과 진화, 삶에 대한 인식전환, 그리고 인권의식의 제고 등으로 생겨난 인간 사회의 근본적 패러다임 전환을 고려하지 못하기 때문에 아직도 인구의 숫자가 중요하다는 인식 속에서 인간의 숫자를 정책적으로 강제하거나 유도하여 예전 시대의 증가율로 되돌릴 수 있다는 시대착오적인 전제설정의 오류를 범하고 있다. 즉 지금의 경제구조와는 전혀 다른 농업과 초기 산업화가 중심이 되는 경제구조, 낮은 기술 수준, 영토침탈의 전쟁이 일상적인 안보환경, 그리고 인권 의식이 약했던 집단주의적 시대의 인구증가율로 지금의 낮은 인구증가율을 되돌릴 수 있을 것이라는 시대착오적인 전제를 설정하고 있어서, 불가능을 가능하다고 전제하는 오류를 범하고 있다. 이는 마치 자동차와 비행기를 타는 시대를 만들어 놓고 다시 말과 마차를 타고 다니는 시대로 되돌릴 수 있다는 전제를 하는 것과 같이 현실성이 떨어지는, 시대착오적인 패러다임을 가지고 문제를 해결하려고 하는 노력과 다름이 없다.

이러한 인식론적 배경하에 이 글은 구체적인 정책, 통계, 사례에 기초하여 분석, 정책제언을 하는 것을 목적으로 하는 것이 아니라 기존 패러다임의 근원적인 한계를 지적하고, 기술(technology)을 활용하여 보다 인간 중심적이고 시대의 흐름에 맞는 새로운 패러다임을 제시하는 것을 목적으로 한다. 여기서 제시하고자 하는 새로운 패러다임은 저출산 · 인구고령화 문제에 대하여 보다 현실적이고 인권적이고 성평등적인 해결책을 강구하기 위하여 구상된 패러다임이다. 이러한 새로운 패러다임을 소개하기 위해 우선 인간이 공동체 전체의 목적을 위해 도구화되던 전근대적 시대에서 인간이 그러한 도구적 패러다임에서 해방되는 근대 이후로의 역사적 발전 과정을 간략히 살펴보고자 한다. 그리고 도구로서의 인간에서 인간 외부의 도구 개발을 통해 인간이 주체적 인간으로 해방되는 흐름 속에서 저출산 · 고령화의 문제를 인식하고, 거기서 생겨나는 도전 과제를 현실적으로 해결하는 해결책을 새로운 패러다임 안에서 찾아보고자 한다. 이 글의 이러한 목적을 고려할 때 독자들은 이 글을 통해 이전 패러다임인 도구적 인간론에 기초한 당장 써먹을 수 있는 해결책을 기대해서는 안 된다. 그러한 즉각적이고 편의적인 해결책은 과거와 근본적으로 조건이 다른 이 시대에 존재하지 않을 뿐더러, 설사 있다 하더라도 매우 반인권적이고 폭력적인 해결책이 될 것이기 때문이다. 이제는 패러다임의 전환을 통하여 대안을 모색해야 할 시기이다.

2. 도구적 인구론[2]의 정치경제학적 기원

인간이 인간을 도구로 보는 근원적인 이유는 인간을 자연에서 생존하기 위한 "노동력"으로 인식하기 때문이며, 타 인간 집단과의 투쟁에서 생존하기 위한 "전투력"으로 인식하기 때문이다. 즉 인간을 경제적으로, 안보적으로 생존을 위한 도구로 인식하기 때문이다.[3] 인간의 숫자가 많을 수로 노동력이 커지고, 전투력이 강해지기 때문에 나의 생존확률이 높아지게 되는데, 특히 지배계층의 입장에서는 더욱 그러하다. 권력의 상층부에 존재하는 집단일수록 하층부에 존재하는 인간들을 도구적으로 보는 경향이 강해지고, 그것은 정치권력, 경제권력, 사회권력, 가족권력, 역할권력 모두에서 나타난다.

예를 들어 식량을 확보하여 자연에서 생존하기 위해서는 많은 노동력이 필요한데, 특히 인간의 경제활동 역사의 대부분을 차지하였던 전근대 농업경제 시대에는 농사에 필요한 많은 노동력이 지배계급 및 집단, 가족의 생존 확률을 높여 주었고, 높은 영아 사망률과 낮은 평균수명 때문에 가급적 많은 숫자의 자녀를 생산하는 것이 그 시대의 덕

---

2   도구적 인구론이라는 용어는 일반적으로 인구학이나 사회과학에서 사용하는 개념이 아니라 필자가 새롭게 제시하고자 하는 패러다임과 대비하기 위하여 만들어낸 개념이다. 인구를 보는 접근방법이 시스템이나 공동체의 목적을 위하여 인간의 집합을 도구적으로 사용하는 대상으로 보는 시각을 도구적 인구론이라고 개념화한 것인데, 인간이 숫자로 치환되고 통계와 수식의 일부로 들어가는 학문적 접근을 하는 분야는 기본적으로 이러한 도구적 인구론의 시각을 갖는다고 할 수 있다. 인간의 삶에 대한 고민보다는 인간의 전체 숫자에 대한 고민, 인간이라는 자원의 질과 효용에 대한 고민이 우선하는 시각을 의미한다. 그런 의미에서 근대 경제학은 매우 도구적 인구론의 접근방법을 취하고 있으며, 따라서 저출산·고령화 문제에 접근하는 경제학적 정책논문은 대부분 인구의 크기와 질을 어떻게 가감하고 조정할 수 있느냐에 초점이 맞추어져 있다.

3   인간을 이윤창출을 위한 도구로 보는 시각도 인간을 생존을 위한 노동력으로 보는 인식에서 진화한 시각으로 보아야 한다. 왜냐하면 보다 많은 이윤창출로 부가 쌓이면 그만큼 생존을 위해 사용할 수 있는 자원이 늘어나 생존의 확률이 높아지기 때문이다.

목, 즉 생존을 위한 의무와 같이 여겨졌다. 그래서 전근대 시대에는 다산이 사회와 가족의 덕목이었고, 그 누구도 고출산 가정과 사회에 대해서 비난을 하는 일이 없었다. 아이가 일찍 사망하면 그만큼 미래 노동력의 손실이고 또 노인 부양인력의 손실이기 때문에 많은 자녀를 갖는 것은 나의 생존확률을 높이게 된다. 즉 자녀가 나의 생존확률을 높이기 위한 도구로 인식되었고, 도구적 시각이 인정되는 한 전근대 농경사회에서는 아동인권이라는 개념이 발달하는 것은 거의 불가능하다. 더군다나 농경사회의 노동력은 여아보다 남아가 중요하기 때문에 남아를 선호하게 되는 남아선호 사상을 배태하게 된다. 여성은 그러한 남성 노동력을 생산하고, 생산 이후 그 노동력을 잘 보존하고 정비하고 또 매일 노동력을 재충전하는 보조 역할을 하는 존재로서 인식되게 되는데, 그러한 의미에서 전근대 사회의 여성 인권 역시 발달하기 어렵다는 것을 알 수 있다. 이러한 배경에서, 전근대 농경사회에서는 인권의 인식, 특히 아동인권, 여성인권, 그리고 피지배계층의 인권에 대한 인식은 극히 일천할 수밖에 없다. 지배계층에서 한 걸음 더 나아가 우리 종족의 경제적 생존확률을 높이는 길은 자기 종족의 인구를 크게 늘리는 것에 더해서 다른 종족의 노동력을 탈취하는 것이다. 즉 다산을 통하여 종족의 인구를 늘리고 그들 중 노비, 노예 계급을 만들어 식량생산에 종사하게 만들거나, 정복을 통하여 타 종족의 노예를 많이 확보하고 또 값싼 노동력을 확보하는 것이다.[4]

그러한 노동력 증가의 전략은 자연스럽게 전투력의 증강을 요구

---

4   미국의 한국학 연구자인 제임스 팔레 교수는 조선이 조선인의 30%를 훨씬 넘는 비율의 노예로 구성되었던 사회라고 주장하여 학계에 논쟁을 일으켰는데, 타국을 정복하여 노예를 유입할 국력이 없을 때에는 자민족을 노예로 쓰는 것은 도구적 인구론의 시각을 가진 전근대 지배계층의 시각으로 봤을 때 일견 자연스러운 일이다. 그 비율이 어느 정도인지는 학계에서 연구와 논쟁을 통해 밝혀질 일이다(Palais 2015).

하게 된다. 노동력을 탈취해 오거나 우리 노동력을 지키기 위해서는 강한 군대가 필요한데, 전근대 시대의 강한 군대는 역시 군인의 숫자로 판별이 되는 "대군"을 갖는 것이 관건이다. 따라서 인구가 많아야, 특히 전투력이 강한 젊은 인구가 많아야 생존확률이 높아지고, 그래서 고출산 사회가 안보적으로도 생존에 유리하게 된다. 여기서 역시 여아보다는 남아 선호사상이 생기게 되는데, 여성은 남성이라는 전투력을 생산하고, 생산된 전투력을 잘 보호, 증강시키는 역할을 담당하게 된다. 젊은 남성 인구가 생존의 일차적 도구가 되며, 여성은 그 전투력 도구를 생산하고 보호하는 생존의 이차적 도구로 전락하게 된다. 역시 젊은 남성, 특히 피지배 남성에 대한 인권적 고려, 그리고 여성에 대한 인권적 고려가 강할 수 없는 사회경제적 구조가 존재하였다.

이러한 면에서 전근대 농경사회에서 인구는 다다익선이라는 시각이 지배하게 되고 그것이 도구적 인구론의 기원이다. 그리고 이러한 도구적 인구론은 초기 산업사회까지 모습을 달리 하며 지속된다. 특히 경제개발 초기 단계에서는 노동의 투입이 경제성장의 근원적 요인이 되기 때문에 젊은 남성 노동력은 경제성장의 도구로 자연스럽게 인식된다. 농경사회 수준으로 많은 자녀를 갖지는 않지만, 산업사회 초기에는 여전히 고출산이 덕목이 되었다.

그런데 아무리 젊고 건강한 남성 노동력이 선호되었다 하더라도, 이른바 한 집단에서 감당할 수 있는 인구의 총량이 존재하는 것으로 믿게 되었는데, 이는 자연, 혹은 사회의 감당능력(carrying capacity) 때문에 인구를 조절해야 한다는 믿음을 낳았고, 그것이 이른바 산아제한, 인구조절론으로 연결되었다. 이 역시 인구를 도구와 단순한 숫자로 보는 전형적인 도구적 인구론이라 할 수 있는데, 인간을 많다 적다라는 기준으로 판단하여 사회가 인구수를 조절하게 된다. 마치 시장에서 가격이 떨어지면 상품 생산을 줄이고, 가격이 올라가면 상품생산을 늘리는 메커니즘과 유사하게 인간이 넘치면 줄이고, 모자라면 늘리는 증감이 가능한 물품과 같이 인식되었다. 이러한 사회에서는 인구를 조절하기 위하여 낙태, 피임, 입양을 자연스럽게 권장하는 사회가 되며, 국가가 정책적으로 인구의 규모를 조절한다. 지금의 저출산 고령사회와는 정반대로 적은 수의 자녀를 갖는 가정을 국가가 정책적으로 지원하던 때가 있었는데, 이는 저출산 고령사회에서 다산으로 인구의 규모와 성격을 조절하려는 것과 전혀 차이가 없는 도구적 인구론이 아닐 수 없다.

국제정치적으로는 도구적 인구론의 가장 전형적인 모습이 "제국"이다. 과거 제국은 이민족의 영토와 노동력을 무력으로 강탈하여 자국의 생존 가능성을 높인 국가의 모습이다. 정복된 이민족을 노예로 삼아 노동력을 제공하게 하고, 전쟁을 통하여 무자비하게 살인도 하였다. 이민족의 인구는 일부 예외를 제외하고는 제국의 목적을 위한 수단으로서 존재할 뿐이고, 그들의 생명에 대해서도 크게 의미를 두지 않았던 것이 과거의 무력으로 팽창한 제국이었다.

농업경제가 기초를 이루었던 전근대에서 산업사회인 근대로 넘어 오면서도 도구적 인구론은 상당부분 유지되었다. 전술하였듯이 도구적 인구론의 가장 전형적인 모습은 이른바 근대경제학 이론에서 발견되는데, 인간을 생산요소(factor)로 파악하고, 생산요소의 투입이 늘어나면 경제성장이 일정기간 늘어난다는 경제성장론을 개발하게 된다 (Solow 1956). 그래서 인간을 경제성장을 위해서 늘려야 할 투입의 도구로 인식하는 경향을 갖게 된다. 뿐만 아니라 경제성장에 필요한 소비시장의 크기를 결정하는 도구로도 인식되어 인간은 통계상의 숫자로 파악될 뿐이다. 이러한 도구적 인구론이 주류 담론이 된 사회에서는 자본주의는 인간 노동력을 도구적으로 착취한다는 주장을 하는 마르크스 경제학을 좌파 경제학 혹은 위험한 사상으로 치부하곤 한다.

3. 도구적 인구론으로부터의 탈피

인간이 도구적 인구론의 시각에서 탈피하는 가장 근본적인 방법은 인간이 아닌 다른 도구에 의존하여 인간의 노동력과 전투력을 대체 혹은 보조하는 방법이다. 즉 기계, 기술, 테크놀로지의 개발이 그것이다. 물론 초기에는 테크놀로지라고도 할 수 없는 매우 원시적인 도구를 사용하였고, 또한 인간의 노동력 대신 동물의 힘에 의존하기도 하였다. 인간이 생존에 필요한 노동력과 전투력을 증강시키기 위하여 농기계를 만들었고, 무기를 개발하였으며, 말을 타고 싸우거나, 가축을 길러 생산력을 증대시키기도 하였다. 이렇게 인간 외부의 물질적 도구가 개발되고, 인간이 수단이 아니라 동물이 수단으로 대체되면서 인간은 스스로 도구의 기능으로부터 탈피하여 보다 존엄한 주체적인 주체로서 정체성을 찾아가기 시작한다. 물론 어떤 시기에는 인간보다 도구가 더 중요하거나 인간보다 동물을 더 중요하게 생각하는 시기도 존재하는데 예를 들어 전쟁 시기 인간의 생명보다 총을 더 중요하게 생각하는 경향이나 농사를 짓기 위하여 인간보다 소를 더 중요하게 생각하는 경향이 있었을 때가 그러한 것이다. 하지만 기계 도구의 기능이 발달하고 대량생산으로 생산이 증대되면서 그러한 경향은 서서히 사라지고 인권 개념이 중요하게 등장한다. 인간과 도구가 독립적으로 분리되기 시작하는 것이다.[5]

인간의 노동력을 대체하거나 보조하는 가장 전형적인 도구는 기계라고 할 수 있다. 특히 산업사회에 들어서면서 기계의 역할은 괄목상대하게 커지게 되는데 기계에 자동화라는 기능이 추가되면서 인간의 노동력을 대체하여 아예 인간의 일자리마저 빼앗아 가는 위치로 올라서게 된다.[6] 산업용 로봇이 전형적인 예이다. 하지만 기계의 발달은 인간을 이전에 해 오던 많은 노동에서 해방시키게 되어 이른바 동일 생산을 위해 인간의 노동 투입을 줄일 수 있는 노동 생산성의 향상을 낳게 되었다.[7] 이는 바꾸어 말하면 노동력을 제공하는 인간의 숫자를 줄여도 생산력은 줄어들지 않는 결과를 의미하는데, 기계라는 도구의 발달로 인하여 인구의 숫자에 집착하지 않아도 되는, 이른바 도구적 인구론으로부터의 탈피를 가져오게 한다. 자본과 테크놀로지, 지식이라는 생산요소의 투입증가로 노동력의 투입이 과거만큼 경제성장에서 차지하는 비중이 줄어들게 된 것이다. 즉 생존에 필요한 인간 노동력을 대체하여 기계와 기술이 개발되어 왔다. 인간을 생존의 도구로 상정한 기존 패러다임에 근본적인 변화를 야기한 것이다.

---

5   이러한 인간과 도구의 독립적인 분리는 현재 저출산 고령사회를 이해하고 해결책을 찾는 데 있어서 가장 핵심적인 분기점이다. 후술하겠지만, 인간과 도구의 분리를 다시 통합으로 가져가서 이 문제를 해결하려는 시도는 매우 비인권적이고 시대착오적이며 인류의 진보에 역행하는 것이다.

6   19세기 초, 영국의 러다이트(Luddite) 운동은 방직기계가 노동자의 일거리를 줄인다는 생각에 노동자들이 기계파괴운동을 한 것을 지칭하는데, 인간이 만든 도구가 인간의 노동력을 대체하는 것에 위협을 느낀 사건이라고 할 수 있다. 물론 러다이트 운동을 계급운동의 시각으로 달리 해석할 수도 있고, 또 기계에 의해서 새로운 일자리가 창출되었기 때문에 그 운동이 반드시 시대의 흐름을 정확히 짚은 것이라고 할 수는 없지만 육체노동의 관점에서 볼 때, 인간이 인간 외부의 도구를 사용하는 일자리와 인간 스스로가 도구가 되는 일자리가 구분되기 시작하는 분기점을 알리는 운동이라고 할 수 있다. 그 이후 자동화가 진전되면서 사실상 기계가 인간의 일자리를 빼앗아 가는 당시의 통찰이 지금 현실화되고 있다고 할 수 있다.

7   이하, 이 글에서 쓰는 생산성이라는 용어는 노동의 투입에 국한된 생산성을 의미한다. 생산성이라는 개념이 간단한 개념이 아니어서 이 글에서는 인간의 노동투입당 산출의 개념에 국한하여 사용한다.

기계와 기술, 그리고 지식의 발달은 또한 의술의 발달을 가져와 영아 사망률을 줄이고 인간의 평균수명을 늘려서 굳이 노동력 확보와 고령인구 부양인구의 확보를 위하여 예전같이 다산을 하지 않아도 되는 환경을 만들었다. 경제구조도 농업 중심의 경제구조에서 산업 및 탈산업화의 시대로 전환하면서 인간의 육체 노동력의 중요성도 농경제 시대에 비해 현저하게 줄어들었다. 물론 저출산·고령화 사회로 진행되는 속도는 근대화 산업화 시작의 시점, 근대화 산업화 속도의 차이로 국가마다 차이가 있지만, 기계 기술의 발달과 더불어 일국이 선진국으로 들어서면서 저출산·고령화라는 추세를 공통적으로 따라가는 것에는 예외가 없다. 이는 OECD 평균 "합계출산률"(가임기 여성 1명당 평균 출생아 수)이 인구대체수준(2.06명) 이하인 1.7이라는 것을 보면 알 수 있다. 즉 기계 기술의 발달과 산업화와 함께 인간에 대한 도구적인 관점에서 선진국들이 서서히 벗어나게 되면서, 그리고 기계문명의 발달로 인해 작은 숫자의 인구로 할 수 있는 것들이 대폭 늘어나면서 "의무와 필요에 의한 출산"이라는 개념에서 "희망에 의한 출산"이라는 개념으로 출산에 대한 인식이 변화하게 된다. 결혼관 역시 혼자 생활하고 생존할 수 있는 기술, 제품과 같은 도구들이 대량생산되면서 "의무와 필요에 의한 결혼"에서 "희망에 의한 결혼"으로 인식이 변화하였고, 결혼과 육아라는 사회경제적 책임과 부담에서 벗어나 자신만의 생활과 자아실현에 집중하는 새로운 개인주의적 가치관이 형성되기에 이르렀다. 이에 발맞추어 사회제도와 생활양식도 함께 진화하게 되었는데 유럽의 파트너와 같은 결혼제도, 이혼에 대한 인식 변화, 혼밥, 혼술, 미니멀리스트 소비양식 등이 그 예이다.

이미 자동화로 인하여 일자리가 줄어들고 있어서 정규직의 감소와 청년실업률은 갈수록 늘어나고 있고, 자동화에 더하여 인공지능

(Artificial Intelligence)의 기능까지 생겨나 기계가 "인간화"되어 가면서 기계가 그야말로 도구적 인구론의 패러다임 속에서 인간을 대체하여 들어오고 있다. 과거 전근대 시기의 도구적 인구론에 기초하여 지금 다시 인구를 늘리고자 한다면 기계와 경쟁하여 일자리를 못 찾는 인구가 대량으로 늘어날 뿐이며, 그들의 존재는 오히려 경제 사회적으로 부담이 될 것이지 경제성장률을 늘려주고 고령인구를 부양하는 긍정적인 역할만을 기대하기는 어렵다. 청년실업이 늘어나고 일자리 문제가 해결되지 않는 상황에서, 자동화라는 추세를 역전할 수 없다면 인구를 다시 증가시키자는 주장은 실업인구를 양산하자는 논리에서 크게 벗어나지 않는다. 경제성장과 실업 문제 해결 없이 무작정 늘어나는 인구에 의한 사회 불안정 문제를 고려하지 않고 시장과 시스템에서 인구를 그저 숫자로만 보는 매우 무책임한 주장이 아닐 수 없다.

이러한 경향은 "노동력"이라는 도구적 시각뿐만 아니라 "전투력"이라는 도구적 시각에도 그대로 반영되고 있다. 무기라는 기계와 기술의 발달로 인하여 이제는 "대군"이 강력한 전투력을 반드시 의미하지 않는다. 인간이 전투에 직접 참여하는 상황을 최대한으로 줄이고, 대신 자동화되고 정보화된 무기체계가 적군을 공격 섬멸하는 전투, 전쟁의 개념으로 진화하고 있다. 또한 무기라는 도구의 살상력이 커져서 MAD(Mutual Assured Destruction)와 같은 상호확증파괴 개념까지 나와 사실상 선진국 간의 전쟁은 거의 불가능의 상태로까지 진화하였다.[8] 전근대의 패러다임인 집단의 생존 가능성을 늘리기 위하여 전투력을

---

8   상호확증파괴라는 개념은 핵전략이 발전하면서 나온 개념인데, 핵을 보유한 국가 간에는 전쟁이 거의 불가능하다는 이론이다. 그 이유는 내가 아무리 핵공격을 먼저 감행한다 하더라도 적국이 남아 있는 핵으로 나를 다시 보복하면 핵무기의 엄청난 살상력 때문에 나도 무사할 수 없다는 논리 때문이다. 즉 핵을 가진 선진국의 경우에는 핵공격이 자살 행위가 된다는 논리로 상호 억지가 걸려 전쟁이 거의 불가능하다.

증강시키고, 그 전투력 증강에 필요한 인구수, 특히 남성 인구수의 대
대적인 증강이 필요한 시대는 막을 내린 것과 다름이 없다. 무기라는
도구가 발달하면서 역시 도구적 인구론에서 벗어나 인간은 보다 인간
중심의 자유롭고 창의롭게 자신의 삶을 영위할 수 있는 환경을 획득해
온 것이다.

　　테크놀로지의 발전과 인간을 대체하는 도구들의 양산은 도구적
인구론의 시각에서 인간이 탈피하게 하는 구조적, 환경적 요인이 되었
고, 따라서 이제는 도구적 인구론이라는 전근대적 패러다임의 틀 속에
서 저출산·고령화의 문제를 인식하고, 해결책을 제시하는 것은 시대착
오적이고 비현실적이라는 것을 인식할 수 있어야 한다. 이는 기계 자
동화의 시대에 모든 일자리를 정규직으로 만들 수 있을 것이라는 믿음
을 갖는 것만큼 비현실적인 패러다임이다. 아주 극단적으로 얘기한다
면, 새로운 환경에서는 오히려 대부분의 일자리를 비정규직으로 만들
고 공유경제를 설계하는 것이 더욱 현실적일 수 있다.

4. 도구적 인구론에 기초한 기존의 저출산·고령화 연구 및 대책

현재 논의되고 추진되는 저출산·고령화에 대한 인식 및 정책은 기본
적으로 경제적인 관점을 최우선으로 하고 있다. 즉 성장잠재력이 약화
되고 재정건전성이 무너질 수 있다는 우려에서 시작하여 출산율을 늘
리고 다시 경제성장을 제고하고 재정건전성을 유지하고자 하는 정책
방안을 마련하는 데 집중되어 있다. 이러한 연구들은 여전히 도구적 인
구론에 기초한 분석과 대응책을 제시하고 있는데, 그러다보니 인간과
기계와의 관계 속에서 변화된 사회경제적 구조의 진화, 인간, 특히 여

성과 젊은 인구의 발전된 인권의식과 변화된 생활양식 등에 대한 고려 없이 인구수와 인구구조, 재정능력, 경제성장률만을 따지는 숫자에 입각한 분석을 하고 있다. 즉 분석에서 인간이 사라지고 숫자만이 남아서 부정적 숫자를 긍정적 숫자로 바꾸는 해결 방안을 고민한다. 주로 사용되는 개념은 "합계출산률" "초저출산" "평균수명" "노인인구 비율" "생산가능인구" "노동자원" 등과 같이 인간이라는 도구의 생산추이를 분석하고, 그 도구의 효용성을 분석하고 있다. 그리고 이에 대한 해결 방안은 근원적으로 "출산장려, 출산율제고"에 맞추어져 있다. 즉 여성으로 하여금 다산을 하도록 하는 방안에 맞추어져 있다. 자동화된 기계와 테크놀로지의 발전을 고려하여 다산을 하지 않아도 문제를 해결할 수 있는 대안을 찾는 노력은 좀처럼 보이지 않고 전근대적인 도구적 인구론에 입각한 "출산율제고"라는 단일한 정답만이 이미 정해져 있다. 물론 여성 취업을 확대하여 경제성장률을 회복하자는 방안이 제시되기는 하지만 이 역시 여성을 노동력 도구로 보는 기존의 시각에서 크게 벗어나지는 않는다. 노동환경과 육아환경을 개선하여 결혼과 출산을 장려하자는 주장도 마찬가지로 도구적 인구론의 시각이다. "다산유도책"이라고 할 수 있다.

"전투력"을 고려하는 안보적 분석은 상황이 조금 다르다. 아직 그 연구가 많지는 않지만 인구가 고령화되면서 안보비용을 줄이는 방안이 무엇인지에 대해서 대안적인 방안을 고려하는 연구와 인구구조의 고령화로 인하여 국가 간 안보관계가 오히려 안정적일 수 있다는 연구 등이 있는데, 이러한 연구들은 당장 출산율을 제고하여 전투력을 제고하자는 제안을 하는 것이 아니라 현실에 맞추어 대안을 찾자는 연구들이라고 할 수 있다.[9] 다만 기술의 진보와 전투력 간의 관계를 분석하여 인구고령화의 안보적 함의를 분석하는 연구가 눈에 띄지 않아 아직도 도구적 인구론의 시각에서 벗어났다고 하기는 어려운 상황이다.

5. 테크놀로지에 기초한 대안적 해결책

기술의 진보는 인간의 육체노동을 현격하게 줄여주는 방향으로 인간의 경제활동과 생활양식의 성격을 바꾸어 왔다. 즉 기존에 인간이 하던 많은 일을 기계와 나누어서 하는 시대가 된 것이다. 자동화된 기계가 마치 인간이 노동을 하듯 작업을 수행하고 있고, 이는 특히 육체노동의 분야에서는 매우 뚜렷하게 급속도로 진행된 현상이다. 농업, 제조업 등에서 기계에 의해 대체되는 노동력이 지속적으로 늘어나고 있으며, 서비스 산업으로 이동한 인간의 정신노동도 인공지능과 같은 기술 진보에 의하여 계속 위협을 받고 있다.

그렇다면 여기서 우리는 새로운 질문을 던져야 한다. "인간의 노동력을 기계가 대체해 나간다면 저출산의 문제를 기계로 해결하면 안 되는가?" "기계가 인간의 일을 한다면 기계를 인간으로 상정하는 새로운 패러다임을 만들면 안 되는가?" "기계가 인간의 육체노동을 대체하는 것을 넘어서 인공지능(Artificial Intelligence)의 발달로 인간의 정신노동마저도 대체하게 되면 기계를 인간으로 상정하는 패러다임, 인간과 기계가 같이 사회를 이루는 패러다임을 구축하는 것이 현실적인 대안이 아닐까?"

---

9   이 책의 신성호 교수의 글이 그러한 연구의 대표적 글이라고 할 수 있다.

가. 육체노동의 기계적 보완과 저출산·고령화 문제

(1) 대량 청년실업의 문제

농업과 제조업 분야에서는 이미 자동화된 기계가 인간의 많은 부문의 육체노동을 대체하고 있어서 과거에 비해 생산성이 매우 높아진 실정이다. 농업부문은 저출산·고령화의 문제가 등장한 지 이미 오래된 산업이지만 기계와 기술로 문제를 해결해 온 대표적인 산업이다. 더구나 최근에는 새로운 삶의 방식을 찾는 귀농현상까지 생겨나면서 자연스럽게 농업분야에서 저출산·고령화의 문제가 도구적 인구론의 시각이 아닌 "목적적 인구론" "자아실현적 인구론"의 시각에서 해소되는 경향도 보인다. 제조업 분야도 자동화된 기계, 즉 산업용 로봇 등에 의하여 인간의 육체노동을 기계가 대체하고 있기 때문에 대량실업이 발생하고 있고, 투자 대비 수익성을 고려한 자본가의 입장에서는 인건비, 안전사고, 노사갈등 등 여러 가지 불편을 감수해야 하는 인간 노동력 대신 자연스럽게 자동화된 기계로 수익을 창출하고 회사를 경영하고자 하는 유인을 갖게 된다. 이러한 인간의 노동력을 대체하는 자동화된 기계는 앞으로 제조업 분야에 국한되지 않고 기타 부문으로 계속 늘어날 전망인데 예를 들어 무인자동차나 드론 등은 운송 배달 등에서 많은 인간의 실업을 가져올 것으로 예상된다.

문제는 이렇게 자동화된 기계가 대체하는 인간 노동력이 다른 분야나 새로운 산업에서 고용이 되면 지속적인 경제성장이 발생하고, 여기에 필요한 노동력을 출산장려를 통하여 제공하는 기존의 패러다임이 작동하겠지만 다른 분야나 신산업 등에서도 자동화된 기계가 인간 노동력을 대체하는 경향이 나타나 새로운 일자리 창출이 크게 기대되지 않는다. 2016년 현재 한국의 청년실업률은 통계청 발표에 의하면

9.8%에 달하고 있고 전체 실업자 수도 100만 명을 돌파하였다. 여기서 실제 청년실업률은 통계보다 훨씬 높을 것이라는 분석도 나오고 있는데 취업준비생이나 구직단념자까지 포함하면 30%를 넘을 것이라는 분석이 있다. 물론 이러한 실업률, 특히 청년실업률의 증가는 지속되는 경기 침체가 한 원인이기도 하지만 자동화된 기계가 우리의 전통적 일자리 양산 부문인 제조업, 건설업 등에서 인간의 일자리를 빼앗아 왔기 때문이며 자동화된 기계가 인간의 육체노동을 상당부분 대체하고 있기 때문에 건장한 청년보다는 어느 정도 고령이지만 경력을 가지고 있는 유경험자를 회사가 선호하는 것도 청년실업이 늘어나는 이유 중의 하나이다. 또한 정부에서도 새로운 성장동력을 찾아서 일자리를 창출하기보다는 기존의 도구적 인구론의 패러다임에 빠져서, 또 기존의 손쉬운 경기부양책 유혹에 빠져서 제조업, 건설업 중심의 경기부양을 하다보니 근본적으로 청년실업 문제를 해결하지 못하여 왔다.[10]

세계적으로 대학진학 인구가 많은 대한민국에서는 고급 노동력이 해마다 대학에서 쏟아져 나오지만 이들은 제조업, 건설업 분야나 농수산업 등에서 일자리를 찾기 어려운 실정이 되었고, 또 이들 역시 그 분야로 진출하고자 하는 인센티브가 높지 않다. 반면 앞으로 좀 더 지켜보아야 하겠지만 서비스업이나 신산업에서 창출되는 일자리는 노동시장에서 공급되는 젊은 인력, 해고 퇴직된 인력을 재흡수하는 데 턱없이 부족한 실정이다(이 분야도 급속도로 기계에 의해서 인간의 노동력이 대체되고 있다). 이러한 상황에서 청년들에게 결혼을 강요하고 출산을 장려한다는 것은 근원적이고 구조적인 문제의 해결 없이 무작정 도구적 인구론에 기초한 강요에 지나지 않아 매우 비현실적인 해결책이 아닐

---

10 이러한 한국 정부의 과거 패러다임의 문제는 한미 FTA 협상에서 미래 산업보다 기존에 경쟁력이 있는 제조업 분야에 유리한 협상을 하고자 했던 것에서도 여실히 보인다.

수 없다. 이미 육체노동으로 성장해 온 산업에서는 더 이상 출산을 통하여 노동시장에 인력을 공급할 필요가 상당히 사라진 것이며 육체노동을 기계가 대신하면서 오히려 인간은 더욱 인권적 노동을 요구할 수 있는 환경을 갖게 된 것이라고 할 수 있다.

문제는 인간 노동력 취업자 감소로 인하여 떨어진 세수 때문에 사회보장, 고령인구 부양에 재정적 부담이 생긴다는 데에 있다. 하지만 이 문제에 대한 접근도 도구적 인구론의 패러다임에서 벗어나서 육체노동을 대신하는 기계를 인간의 노동으로 일정부분 계상하여 세금을 부과하는 제도를 고안하는 패러다임으로 전환하여 해결해야 한다. 일종의 "기계세" 혹은 "로봇세"를 부과하는 것인데, 기계가 고용을 대체하고 그 기계가 생산을 대체하고, 수익창출에 기여한다면 기계에 대한 세금을 부과하는 창의적인 방법을 생각하는 것이 맞는 방향이 아닐까 생각된다.[11] 구체적으로 어떤 기계에 어느 정도의 세금을 부과해야 하는지는 조세 전문가들이 연구해야 할 부분이지만 불가능한 영역이라고 생각되지 않는다. 이들 기계는 인간이 식량을 소비하듯 에너지를 소비하고, 인간이 집에서 생활하듯 일정 공간을 차지하고 있고, 인간이 생활을 유지하기 위하여 소비를 하듯 유지비를 발생시키고 있기 때문에 상당히 인간과 유사한 성격을 가지고 있다고 볼 수 있다. 또한 노화되면 새로운 기계를 들여온다는 면에서 인간의 출산과도 유사하며 인간이라면 육아에 드는 비용을 대폭 절감하게 되어 도구적 인구론에 입각하여 출산에 의해 문제를 해결하는 것보다 훨씬 효율적이다.

---

11 로봇세, 기계세, 자동화세에 대한 아이디어는 이 글에서 처음 제기된 것은 아니고 기존에 논의가 있었다. 대표적으로 유럽의회가 2016년에 로봇세와 관련한 보고서 초안을 작성했고, 영국의 브리스틀 대학의 알랜 윈필드 교수가 2015년 1월에 자신의 블로그에서 자동화세, 로봇세의 개념을 제시한 적이 있다. alanwinfield.blogspot.kr/2015/01/maybe-we-need-automation-tax.html (검색일, 2017년 2월 1일)

(2) 고령인구 부양에 대한 기계, 기술적 해결

고령인구에 대한 시각을 도구적 인구론에서는 "부담"으로 이해해 왔으나 기술의 진보에 의해 고령인구가 노동시장에서, 사회에서 일찍 은퇴해야 할 필요가 서서히 줄어들고 있다. 건강문제의 해결과 동시에 육체노동을 보조하는 기계적 해법 등이 계속 발전하고 있기 때문에 고령인구의 노동은 65세 정년을 넘어서까지 가능한 분야가 되었으며 일본 등에서는 고령인구의 정년연장, 재취업의 시도가 계속 이어지고 있다. 문제는 이들에 대한 고액 인건비, 재교육비용 등인데 이는 제도적으로 해결책을 찾을 수 있는 문제여서 사회적 합의를 도출하면 되는 문제이지 출산장려로 해결될 문제가 아니다. 오히려 출산이 장려되어 젊은 인구가 증가하면 건강한 고령인구의 사회경제적 퇴출을 더욱 촉진하고 청년실업은 늘어나는 부작용이 생겨날 수 있다.

또한 노동시장에서 은퇴한 고령인구에 대한 육체적, 정신적 부양의 문제도 기계 기술적인 해결책으로 보완되고 있다. 전형적인 것이 실버산업인데 실버산업은 젊은 인구가 부담하는 고령인구의 부양문제를 산업적으로 해결하는 대안이다. 거기에 노령인구의 육체적 기능저하를 보완하는 보조기구 등이 발달하고 있어서 과거와 같이 부양에 필요한 많은 노동이 요구되는 것도 아니다. 문제는 가계와 국가의 재정적 부담인데, 이는 기계세와 같은 합리적, 창의적 세제의 고안을 통해 해결해야 할 문제이다. 무작정 출산을 늘린다고 해결될 문제가 아니다.

나. 정신노동의 기계적 보완과 저출산·고령화 문제

(1) 인간적 기계의 출현과 새로운 "사회 패러다임"

알파고 사건이 우리에게 충격을 준 이유는 인간을 대체하기 어려울 것으로 여겨졌던 정신노동의 분야에서도 이제는 기계가 인간을 대체할 시기가 급속도로 빨라질 것이라는 예상을 하게 만들었기 때문이다. 소위 딥러닝 기반 인공지능 기술이 발전하면서 이러한 예상은 더욱 힘을 얻고 있다. 하지만 이러한 정신노동의 기계적 대체 현상 역시 알파고 사건 이전부터 이미 발생해 온 현상이다. 컴퓨터의 발달이 전형적인 예이다. 컴퓨터가 소형화되고 기능이 발달하면서 과거 거래비용을 발생해 온 인간노동 분야는 급속도로 줄어들게 되었다. 예를 들어 사무자동화로 인하여 단순정신노동 분야의 일자리가 급속도로 사라지고 있는데 회계처리나 출판인쇄에 필요한 인력이 과거와는 비교도 안 되는 수준으로 줄어들었다. 언론 및 방송산업도 급속도로 재편되면서 이 분야의 실업 문제, 고용 문제가 부각되는 것도 어제 오늘의 일이 아니다.

앞으로 인공지능 부문이 급속도로 발전하여(이 발전 속도에 대해서는 학자마다 의견이 다르지만 인공지능이 인간의 정신노동을 대체하는 것은 거스를 수 없는 추세임에는 분명하다), 기계가 육체적, 정신적 전 분야에서 인간이 수행하던 노동을 수행할 수 있게 된다면 예술문화산업과 극도로 창의적인 산업, 감정산업 등을 제외한 전 분야에서 대량의 실업이 발생할 수밖에 없을 것이다. 그야말로 인간과 인간에 유사한 기계가 공존하면서 같이 사회를 구성하는 새로운 패러다임의 시대가 도래할 것이다.

인간에 유사한 기계의 출현은 이들을 경제적으로 인간에 준하여 계산하는 패러다임을 요구하게 되는데 이들의 노동을 취업으로 계산하여 세금을 부과하고 이들의 생산 소비 활동을 경제적 활동으로 계산하여 잠재성장률을 계산하는 패러다임이 요구될 것이다. 또한 이들 기계에 대한 인권적 고려가 어느 정도 수준으로 발전할지는 알 수 없지만 인간 생명과 달리 이들 기계는 출산과 사망을 인간이 인구 총량을 계산하면서 조절할 수 있기 때문에 굳이 "인간적 기계"의 출산을 장려하거나 고령의 "인간적 기계"의 부담 문제를 지금과 같이 고민할 필요도 크지 않다.

(2) 대량실업과 공유경제(Sharing Economy), 기본소득(Universal Basic Income) 제도의 도입[12]

육체노동과 정신노동을 기계가 대체하게 되면 인간의 대량실업은 불가피한 결과이다. 기존 패러다임의 시각에서 보면 인간의 대량실업을 가져올 것이며 이는 정규직 분야에서 특히 심할 것이다. 이러한 정규직 대량실업의 시대에 모든 직을 정규직으로 만든다는 주장과 방향, 그리고 도구적 인구론에 기초한 인구증가 대책은 매우 무리하고 비현실적인 정책방향이 아닐 수 없다. 오히려 구조적 변화에 맞는 대안적 패러다임하에 새로운 사회경제 모델을 구축하는 것이 더욱 현실적이다.

이에 최근 부상하는 대안적 패러다임이 공유경제와 기본소득이다. 공유경제는 아직 전 산업으로 어느 정도 확장될 수 있는 패러다임인지에 대해 연구가 많지 않지만 우버(uber)나 Airbnb와 같이 이른바 플랫폼 경제로서 급속도로 발전하는 경제모델이다. 이 모델은 대기업에 고용되어 있는 정규직보다는 자유업과 같은 비정규직에 적합하며, 노동시장의 유연화에 더해 일자리, 직업의 유연화가 요청되는 모델이다. 인터넷 플랫폼 내에서 내가 제공할 수 있는 기술이나 지식, 서비스, 노동, 자본을 수요에 맞게 시장에서 공급하여 수익을 얻고, 자유로운

---

12 공유경제와 관련해서는 많은 논문들이 나와 있으나 선구자적 연구는 하버드 대학 법대 교수인 Lawrence Lessig에 의해서 시작되었다(Lessig 2001). 기본소득과 관련해서도 많은 연구들이 나와 있지만 실리콘 밸리에서 활발히 논의되는 아이디어로 로봇의 출현과 함께 기본소득 논의를 한 대표적 연구로는 Ford(2015)가 있다.

생활을 영유한다는 개념인데 그 과정에서 자본이나 용품을 꼭 소유할 필요 없이 공유하게 된다는 의미에서 공유경제라는 이름이 붙게 되었다. 즉 과거에는 자동차를 소유하는 것이 주류 패러다임이었다면 앞으로는 소유가 아니라 다른 사람의 자동차를 우버와 같은 플랫폼을 통해 이용하고 그 과정에서 누군가의 소득이 발생하는 공유가 주류 패러다임이 될 것이라는 예상이다. 이는 자동차뿐만이 아니라 집, 자본재, 회사공간 등 많은 영역으로 확산될 수 있는 가능성이 있다. 이에 맞추어 소위 Y세대인 밀레니얼 세대는 소유를 최소한으로 하고 소비도 자기에게 가장 중요하다고 생각하는 가치에 집중하는 미니멀리스트 생활과 가치소비 성향을 보이고 있다.

이러한 추세가 앞으로 정착이 된다면 기존의 제조업, 건설업의 패러다임인 대량생산의 패러다임에서 가치중심의 고부가가치 제품 산업과 직업의 유연성 및 공유가 강조되는 공유경제의 패러다임으로 전체 사회경제 패러다임의 변화가 올 것으로 예상된다.

이러한 공유경제 패러다임에서는 기계에 의해서 대체되는 인간의 노동과 삶에 대한 여러 가지 도전 과제가 생겨나는데 첫 번째는 비정규직 양산 혹은 직업의 비정규직화 문제이다. 고정된 수익과 안정적인 취업이 보장되는 정규직이 자유업인 비정규직으로 전환되면 플랫폼 경제에 적응하거나 경쟁력을 갖지 못하는 인구의 생존 문제가 생겨난다. 그래서 이들의 생존 문제를 해결하기 위해서 고안된 개념이 바로 기본소득이다. 모든 경제활동 가능 인구에게 일정 정도의 소득을 지급하여 이들의 소비를 통하여 플랫폼 경제가 돌아가게 하고, 소수의 꿈을 실현하고자 하는 창의적 인재들이 스타트업과 플랫폼을 통하여 고수익을 얻고 경제를 돌아가게 한다는 발상이다. 기본소득 개념은 아직 연구가 미진한 분야인데, 사회보장을 대체하느냐 아니면 사회보장제도

와 병행하는 문제와 관련하여 재정적 부담을 둘러싼 보수/진보의 논쟁
이 예상되는 부문이라고 할 수 있다.

　두 번째 과제는 인구감소의 과제인데, 어찌 보면 이는 과제라기보
다는 자연스럽게 인권적인 시각에서 균형점을 찾아가는 과정이 될 것
이라고 보인다. 새로운 패러다임에서는 여성 노동력도 플랫폼 경제에
자유롭게 고용차별 없이 참여할 수 있는 여지가 늘어나고 인간화된 기
계의 출현으로 인하여 여성이 결혼이나 출산에 대한 부담을 크게 느끼
지 않아도 될 것으로 보인다. 결혼제도의 변화, 일인가구의 증가가 예
상되고, 필요가 아니라 희망에 의한 결혼 및 출산이 늘어나면서 최근
일어나는 귀농현상과 유사하게 자연스럽게 장기적으로 결혼과 출산
인구의 증감과 균형점을 찾아갈 것으로 예상된다.

　세 번째로 고령인구의 문제는 고령 노동자의 플랫폼 경제에의 참
여, 고령인구의 정신적, 육체적 기능의 감퇴는 기계적, 기술적 해결책
으로 보완하는 형태로 해결되어 갈 것이며 기계세와 로봇세, 기본소득
등 창의적 제도를 통하여 재정적 부담을 줄여나갈 수 있을 것으로 보
인다.

6. 결론

인구가 폭발적으로 늘었을 때 인구를 조절하고, 인구가 급감할 때 출산
을 장려하는 기존의 시각을 이 글에서는 "도구적 인구론"이라고 명명
하여 인간을 인권보다는 효용과 기능을 중심으로 생각하는 비인간적
인 과거의 패러다임으로 규정하였다. 인간이 인권을 존중받아야 하는
고귀한 생명체라기보다는 종족이나 특정 계층의 생존을 위해 도구적

으로 쓰이는 "노동력"과 "전투력," 즉 에너지가 소요되는 물리적 힘으로 간주되는 시각이 "도구적 인구론"이다. 이러한 시각에서는 인간을 숫자로 파악하여 숫자가 줄어들면 늘리고 너무 늘어나면 줄이는 매우 기능적이고 기계적인 접근을 하게 된다.

반면 인간은 스스로를 도구적으로 취급하는 도구적 인구론에서 벗어나기 위하여 인간 외부의 도구를 개발하는 노력을 지속하여 왔는데 기술의 진보가 바로 그러한 노력의 결과이고, 이러한 도구가 발전함에 따라 인간은 도구적 인간에서 목적형 인간, 자아실현형 인간으로 변화할 수 있게 되었다. 인권의 개념이 발달하고 자유와 행복을 중시하는 새로운 패러다임이 형성되게 된 것이다.

농업 노동력을 지속적이고 안정적으로 공급하기 위하여 여성은 다산을 하고, 젊은 노동력은 농업현장에 투입되어 생산을 하고 동시에 고령인구를 부양해야 하는 모델에서 출발한 도구적 인구론은 산업화 시대에까지 지속되었으나 기술과 도구가 발달하면서 더 이상 이러한 패러다임은 그 효용을 잃어가고 있다. 인간의 육체노동과 정신노동을 대체하는 기계가 출현하면서 많은 인구의 생산(다산)은 오히려 대량 청년실업의 문제를 야기하게 되었고, 사회갈등을 촉발하게 된다. 반면 현재의 인구가 생활을 유지하고 노령인구를 부양하는 해법은 여성을 일종의 생산기계로 간주하는 출산장려보다는 기술적, 기계적, 제도적 방안으로 해결책을 모색할 수 있으며, 공유경제와 기본소득을 근간으로 하는 새로운 패러다임이 정착되게 되면 자연스럽게 인권적인 시각에서 인구의 증감이 이루어지는 균형점을 찾아갈 것으로 보인다.

따라서 도구적 인구론이라는 전근대적 패러다임에 입각하여 비현실적인 출산장려, 인구증가를 강권하기보다는 도구를 발전시켜서 인간을 스스로 자유롭게 만들어 온 인류 역사의 발전과정을 따라서 "인간화된 기계"와 인간이 공존하는 새로운 사회경제 모델을 고안하고 도입하는 방향으로 연구를 진행하고 정책을 생각하는 것이 훨씬 현실적인 어프로치이다. 지금의 추세와 구조적 변화를 고려할 때 억지로 결혼하고 출산하게 하는 정책은 비인권적이고 부작용만 낳는 비현실적인 정책만 양산하게 될 것이다.

참고문헌

Ford, Martin. 2015. *Rise of the Robots: Technology and the Threat of a Jobless Future*, Basic Books.

Lessig, Lawrence. 2001. *The Future of Ideas: The Fate of the Commons in a Connected World*, Random House.

Palais, James. 2015. *Confucian Statecraft and Korean Institutions: Yu Hyungwon and the Late Chosen Dynasty*, University of Washington Press.

Solow, Robert. 1956. "A Contribution to the Theory of Economic Growth," *The Quarterly Journal of Economics*, Vol. 70, No. 1, pp. 65-94.